经传

国文化百科

儒家经传宝典

郭艳红 编著 胡元斌 丛书主编

汕头大学出版社

图书在版编目（CIP）数据

经传：儒家经传宝典 / 郭艳红编著. -- 汕头：汕
头大学出版社，2015.1（2020.1重印）
（中国文化百科 / 胡元斌主编）
ISBN 978-7-5658-1549-2

Ⅰ. ①经… Ⅱ. ①郭… Ⅲ. ①儒家 Ⅳ. ①B222

中国版本图书馆CIP数据核字（2014）第310328号

经传：儒家经传宝典　　　JINGZHUAN: RUJIA JINGZHUAN BAODIAN

编　　著：郭艳红
丛书主编：胡元斌
责任编辑：宋倩倩
封面设计：大华文苑
责任技编：黄东生
出版发行：汕头大学出版社
　　　　　广东省汕头市大学路243号汕头大学校园内　邮政编码：515063
电　　话：0754-82904613
印　　刷：三河市燕春印务有限公司
开　　本：700mm×1000mm 1/16
印　　张：7
字　　数：50千字
版　　次：2015年1月第1版
印　　次：2020年1月第2次印刷
定　　价：29.80元
ISBN 978-7-5658-1549-2

前言

　　中华文化也叫华夏文化、华夏文明，是中国各民族文化的总称，是中华文明在发展过程中汇集而成的一种反映民族特质和风貌的民族文化，是中华民族历史上各种物态文化、精神文化、行为文化等方面的总体表现。

　　中华文化是居住在中国地域内的中华民族及其祖先所创造的、为中华民族世世代代所继承发展的、具有鲜明民族特色而内涵博大精深的传统优良文化，历史十分悠久，流传非常广泛，在世界上拥有巨大的影响。

　　中华文化源远流长，最直接的源头是黄河文化与长江文化，这两大文化浪涛经过千百年冲刷洗礼和不断交流、融合以及沉淀，最终形成了求同存异、兼收并蓄的中华文化。千百年来，中华文化薪火相传，一脉相承，是世界上唯一五千年绵延不绝从没中断的古老文化，并始终充满了生机与活力，这充分展现了中华文化顽强的生命力。

　　中华文化的顽强生命力，已经深深熔铸到我们的创造力和凝聚力中，是我们民族的基因。中华民族的精神，也已深深植根于绵延数千年的优秀文化传统之中，是我们的精神家园。总之，中国文化博大精深，是中华各族人民五千年来创造、传承下来的物质文明和精神文明的总和，其内容包罗万象，浩若星汉，具有很强文化纵深，蕴含丰富宝藏。

　　中华文化主要包括文明悠久的历史形态、持续发展的古代经济、特色鲜明的书法绘画、美轮美奂的古典工艺、异彩纷呈的文学艺术、欢乐祥和的歌舞娱乐、独具特色的语言文字、匠心独运的国宝器物、辉煌灿烂的科技发明、得天独厚的壮丽河山，等等，充分显示了中华民族厚重的文化底蕴和强大的民族凝聚力，风华独具，自成一体，规模宏大，底蕴悠远，具有永恒的生命力和传世价值。

在新的世纪，我们要实现中华民族的复兴，首先就要继承和发展五千年来优秀的、光明的、先进的、科学的、文明的和令人自豪的文化遗产，融合古今中外一切文化精华，构建具有中国特色的现代民族文化，向世界和未来展示中华民族的文化力量、文化价值、文化形态与文化风采，实现我们伟大的"中国梦"。

习近平总书记说："中华文化源远流长，积淀着中华民族最深层的精神追求，代表着中华民族独特的精神标识，为中华民族生生不息、发展壮大提供了丰厚滋养。中华传统美德是中华文化精髓，蕴含着丰富的思想道德资源。不忘本来才能开辟未来，善于继承才能更好创新。对历史文化特别是先人传承下来的价值理念和道德规范，要坚持古为今用、推陈出新，有鉴别地加以对待，有扬弃地予以继承，努力用中华民族创造的一切精神财富来以文化人、以文育人。"

为此，在有关部门和专家指导下，我们收集整理了大量古今资料和最新研究成果，特别编撰了本套《中国文化百科》。本套书包括了中国文化的各个方面，充分显示了中华民族厚重文化底蕴和强大民族凝聚力，具有极强的系统性、广博性和规模性。

本套作品根据中华文化形态的结构模式，共分为10套，每套冠以具有丰富内涵的套书名。再以归类细分的形式或约定俗成的说法，每套分为10册，每册冠以别具深意的主标题书名和明确直观的副标题书名。每套自成体系，每册相互补充，横向开拓，纵向深入，全景式反映了整个中华文化的博大规模，凝聚性体现了整个中华文化的厚重精深，可以说是全面展现中华文化的大博览。因此，非常适合广大读者阅读和珍藏，也非常适合各级图书馆装备和陈列。

目 录

儒家五经

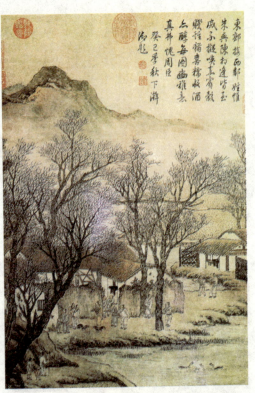

儒家四书

　　《大学》、《中庸》、《论语》和《孟子》一起合称为我国古代儒学"四书"，为儒家传道、授业的基本教材。多少年来，"四书"在我国广泛流传，其中许多语句已成为脍炙人口的格言警句，影响特别巨大。

　　《论语》、《孟子》分别是先秦圣人孔子、孟子及其学生的言论集，《大学》、《中庸》则分别出自早期儒家的4位代表人物孔子、曾参、子思和孟子，被称为"四子书"。这4部书都表达了儒学的基本思想体系，是我国研究儒学最重要的文献。

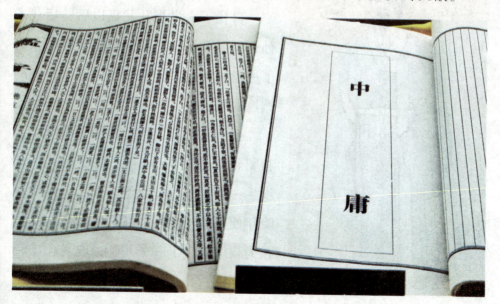

为人处世哲学的《论语》

孔子是春秋末期鲁国人，他祖先本是殷商贵族的后裔。周朝推翻商朝统治后，周武王封商纣王庶兄微子启为宋，当时宋是夏的都邑。

微子启去世后，他弟弟微仲继位，微仲就是孔子的先祖。

自孔子六世祖孔父嘉以后，后代子孙开始以孔为氏。孔子曾祖父孔防叔为了逃避宋国内乱，从宋国逃到了鲁国的陬邑曲阜。

孔子父亲叔梁纥是鲁国著名勇士，叔梁纥夫人施氏一连生了9个女儿，却没生一个男孩。叔梁纥为此十分烦恼，晚年便又娶了年轻的颜徵在为妻。颜徵在为叔梁纥生了一个儿子，取名孔丘。

据说，孔子降生的这天晚上，有二

龙绕室，五老降庭，天乐奏鸣。其实，"二"代表日月，"五"代表金木水火土五大行星，加在一起叫作"七曜"，古人习惯观察它们的变化，作为国家行政施治的依据，所以七星又叫作"七政"。为此，人们认为：孔子本人有从政之能，他的学生也都有从政之能，这大概就是天人合一的学问。

孔丘3岁时，叔梁纥便去世了。从此以后，家里生活全靠颜徵在一人支撑着，生活过得十分拮据。孔丘从小就饱尝到了生活的艰辛，并由此学会了体贴母亲。长大成人的孔丘特别注重孝道，除了时代的原因外，也与他的成长经历有着密不可分的关系。

曲阜是鲁国的国都，而鲁国又是西周周公的封地，由于这个原因，周天子便给了鲁国高级别的待遇，西周朝许多典章文物都被周公带到了鲁国。西周末年，社会动荡，周王室的许多典章文物都散佚不见了，但鲁国却保留了不少，因此，人们常说"周礼尽在鲁"。

小仲尼从小就受到周礼的耳濡目染，他与小伙伴们嬉戏时，常把祭祀礼器摆放出来，练习礼仪。日复一日，小仲尼尽情地和小伙伴们玩着这种游戏。这一切，都被细心的母亲看在眼里。

有一天，母亲把仲尼叫到身边，微笑着问："丘儿，你长大以

后，是想做管祭祀的官吗？小孩子家怎么天天学礼制呀？"

小仲尼瞪着一双明亮大眼睛，认真地回答："娘啊！我长大了，要当个为国效力的好大夫，不学礼制能行吗？"

母亲一听到儿子有读书的要求，心中暗喜，一把将儿子搂在怀里说："丘儿真是娘的好孩子！从今以后，咱家里专为你设学堂，娘教你读书好吗？"

"太好啦，太好啦！孩儿谢过母亲！"小仲尼说完，恭敬地给母亲磕了一个头。

仲尼6岁的时候，有一天，有位贵族在曲阜南郊进行祭祀活动。他得知后就连忙跑到举行祭祀的地方，兴致勃勃地观看完了郊祭大典的整个过程。

祭祀结束后，小仲尼意犹未尽，回到家便从屋里找出一些坛坛罐罐恭敬地摆在院子里，模仿刚才在南郊看到的祭礼，按照程序一丝不苟地认真演练了一遍。从此，模仿郊祭便成了小仲尼经常做的游戏。

在母亲悉心教导下，小仲尼进步飞快，只用了6天的工夫，就把

300多个字学会了。13岁时，小仲尼进入官学学习，当时学生们所学的，主要是敬神祭祀的礼节。15岁前，仲尼学习了一般文化知识和基本技能，但这些根本无法满足他对知识的渴求。

由于家境贫寒，仲尼没有条件进入专门为贵族子弟设立的高级学校深造，他就只能通过自学来提高自己的水平。

仲尼勤奋好学，当时社会上要求士人必须精通"礼、乐、射、御、书、数"六大科目，他都努力去掌握。他进太庙时遇见什么问什么，表现了极其强烈的求知欲望。所以有了"子入太庙每事问"的典故。

孔丘17岁时，母亲颜徵在去世了。母亲离世后，孔丘的生活更为艰难了。迫于生计，他选择了相礼助丧的职业，也叫丧祝，就是专门为贵族和富裕平民主持、操办丧事。

按照当时礼制，丧礼仪式是十分复杂的，也颇为讲究，尤其是富庶人家的葬礼更是隆重奢华。这种丧祝活动在西周时期主要是由王室和诸侯国的神职人员巫、祝之类担任。后来，随着社会发展，神职人员地位开始逐渐降低，并逐步散落民间，成为了专门从事丧祝活动的术士。

从此，丧祝不再是贵族的专利，一部分富裕起来的平民在丧葬礼仪上也日益讲究起来，对于丧祝的需要也

越来越多。这样，丧祝便开始成为部分民间知识分子的正式职业了。

孔丘虽然严肃认真地从事着助丧相礼的职业，但他却不满足于只做传统的丧祝儒者，他希望把丧祝的礼仪发扬光大，使其成为一套社会规范的礼仪。于是他刻苦学习周礼，很快他渊博的学识和出众的才华，在丧祝活动中得到越来越多人的承认和赏识，他的名气也越来越大了，后来，就连鲁国国君鲁昭公也开始注意到他了。

公元前532年，19岁的孔子完成了人生中的一件大事，结婚了。婚后第二年，他便有了儿子。

鲁昭公知道这个消息后，特命人送了一条大鲤鱼以示祝贺。孔子随即给儿子起名为鲤，字伯鱼，以表示对君王赐鱼的纪念。

孔子渊博的学识和出众的才华，得到越来越多人的承认和赏识，特别是鲁昭公赐他鲤鱼的消息更是不胫而走，一时间传遍了鲁国都城。于是，便有一些年轻人慕名而来求学于他，并尊称他为孔子。

不久，在鲁国执政的正卿季武子派人前来请孔子，让他担任中都宰。

孔子恪尽职守，正直公正，工作卓有成效，得到了众人赞誉。他一面做好本职工作，一面更加孜孜不倦地学习。他越学越感到不满足，越学越感到自己与古代文化结下了不解之缘。在此期间，曾点、颜路等青年先后拜孔子为师，做了孔子的学生。

孔子从23岁起便开始在乡间收徒讲学，到30岁时，由于求学的学生越来越多，鲁国上卿大夫孟僖子面奏鲁国君，请求准许孔子开办学校教授学生。鲁国君答应了。

孔子在阙里的街西边筑起了杏坛，建成了我国历史上的第一所民间学堂。由此，开启了我国私人办学的先河。

这时，孔子提出了"有教无类"，强调所有的人都可以接受教育。他招收学生的条件极为简单，只要有人愿意跟随他学习，在初次见面时略备薄礼，便可成为他的学生。

在教学态度上，孔子认为应该"诲人不倦"；在教学内容上，他注重因材施教，提出对学生要做到有针对性；在教学方法上，他强调启发的重要性，提出开导学生要把握时机，要等学生实在无法想明白的时候再去开导他，认为如果不让学生自己努力思考就直接帮助，反而会使学生养成不爱思考的坏习惯。

针对当时的礼崩乐坏，在教学过程中，孔子特别强调学生们要加强自身修养，强调做人要正直和仁德，他说：

人之生也直，罔之生也幸而免。

在孔子看来，一个人只有正直才能光明磊落，只有心中坦荡做事才没有担忧。虽然，在生活中，那些不正直的人也能生存，但那些人只是靠暂时的侥幸避免灾祸，迟早要跌跟头的。

孔子认为，做人除了要正直外，还要仁德，因为仁德是做人的根本，是处于第一位的。并且只要在仁德的基础上做学问、学礼乐才有意义。而且只有仁德的人才能无私地对待别人，才能得到人们的称颂。他对其弟子说：

人而不仁，如礼何？人而不仁，如乐何？唯仁者能好人，能恶人。

那么怎样做才能算仁呢？孔子认为，能够自己做主去实践礼的规范就是人生的正途。一旦做到言行符合周礼，即"克己复礼"，天下的人就会赞许你为仁人了。

有一天，孔子和弟子们一起讨论学问。弟子颜渊向孔子请教："老师，什么是仁？如何做到仁？"

孔子回答："克制自己，恢复周礼，就是仁；以周礼为标准，时时处处严格要求自己，使自己的言行符合周礼，就是做到仁了！"

弟子子路便又接着问："老师，什么是仁德？怎样做才算是仁德？"

孔子说："对人恭谨就不会招致侮辱，待人宽厚就会得到大家拥护，交往信实别人就会信任，做事勤敏就会取得成功，给人慈惠就能够很好使唤民众。能实行这五种美德者，就可算是仁德了。"

子路说："老师，假如我当将军带兵打仗，让子贡、颜回做我的校尉，攻城必克，夺地必取，百战百胜。这样算是有仁德之人吗？"

孔子说："这样只能算是勇敢的武夫而已！"

孔子认为，"仁"是后天"修身"、"克己"的结果，并不是天生就有的。而要想完全达到仁是极不容易的，需要广泛地学习文化典籍，用礼约束自己的行为，这样就可以不背离正道了。

孔子还认为，还要重视向仁德的人学习，用仁德的人来帮助自己培养仁德。而仁德的人应该是自己站得住，也使别人站得住，自己希望达到也帮助别人达到，凡事能推己及人

的人。

为了能做到仁，弟子曾子每天都要再三反省自己：帮助别人办事是否尽心竭力了呢？与朋友交往是否讲信用了？老师传授的学业是否温习了呢？

除了正直和仁德，孔子又强调做人还要重视全面发展，就是志向在于道，根据在于德，凭借在于仁，活动在于"六艺"，只有这样才能真正地做人。

针对当时的诸侯割据和礼崩乐坏，孔子自20多岁起，就开始思考治国良策，也一直希望通过入仕把自己的所有才华用来治理国家，然而却苦于没有机会。于是，孔子便把教育当作"安邦治国"的重要组成部分，强调以文教来感化百姓。

孔子31岁的时候，在鲁昭公的赞助下，来到周的京城洛阳考察参访。首先拜见了老子这位高人，老子此时担任周王室的图书挡案和文物的保管工作，他热情地接待了孔子。

老子的年龄比孔子大得多，大概年长40岁，人生阅历丰富，接触的文物史料也非孔子所能及，所以，孔子见老子是孔子学问事业上的一个大转折。

老子见孔子千里迢迢来学习，为他的好学所感动，不仅指出了孔子内在涵养的不足，还回答了孔子的很多有关古礼的问题。

同时，老子还给孔子引见了擅长音乐的苌弘。苌弘也把自己掌握的有关乐的知识全部告诉了孔子，使孔子对音乐有了更进一步的了解。

孔子离开前，老子为他送行，并告诫说：我听说，有钱的人给人送行的时候送钱，有学问的人给人送行的时候赠言。我没有钱，姑且

冒充一下有学问的人，送你几句话吧！

这几句话是：一个聪慧又能深思洞察一切的人，却常遭到困阨、濒临死亡，那是因为他喜好议论别人的缘故；学问渊博见识广大的人，却常使自己遭到危险不测，那是因为他喜好揭发别人罪恶的缘故。做人子女的应该心存父母，不该只想到自己；做人臣子的应该心存君上，不能只顾到自己。"

孔子回到鲁国，见到自己的弟子，还不住地赞美老子就像天上的龙一样，见首不见尾，无法捉摸。孔子一生似乎受老子影响很大，孟子至刚，曾子至柔，都没能像他们的老师孔子那样刚柔相济，在矜持中有弹性，在退守中有进取。

公元前517年，齐景公出访鲁国时，因仰慕孔子的大名，便派人把孔子请到府上，向孔子请教安邦治国的良策。齐景公问孔子："请问夫子，做为国君，应该如何治理他的国家呢？"

孔子回答说："治国的根本在于'人伦纲常'。君主必须像个君主，臣子必须像个臣子，父亲要像个父亲，儿子要像个儿子。每个人都要各在其位，各司其职。否则国将不国，政将不政，社会将混乱不堪。而治国的前提在于君主要严于律己。如果君主自己正，管理国政就不会有什么困难，如果自己不端正，随心所欲，为所欲为，就不可

能去端正别人，其国家也无法治理。除此之外，君主还应该重视才智礼仪仁德的关系，这些都是治国不可偏废的条件。"

齐景公又问："稳定天下的大计是什么呢？"

孔子答："实行清明的政治，用贤惩恶，减轻赋税，助民兴业。"

齐景公问："教育百姓的良策是什么呢？"

孔子答："用道德感化教育，用礼教加以约束，能使百姓不但有羞耻之心，而且能改过向善。"

齐景公又问："怎样才能富国强兵呢？"

孔子答："从严治吏、发展生产、节俭，三者结合是强国的关键；从严治军、注重德教、加强训练，为强兵之本。"

齐景公赞扬道："夫子所谈治国之道言近旨远，切实可行啊！"

自从这次交谈之后，齐景公多次召见孔子论政述志。有一次交谈之余，景公高兴地对孔子说："我想把尼谿封给你。"

孔子推辞说："我对齐国没做出什么贡献，无功不应受禄啊！"

齐景公说："你多次为寡人提供良策，这本身对齐国就是一个不小的贡献嘛！"

公元前516年，孔子来到齐国，这是孔子生平中第一次有记录的政治活动。这一年他36岁。

那么，孔子为什么跑到齐国来了呢？第一，齐国是当时综合国力强大的东方大国，孔子希望在齐国做一番事业。第二，鲁国内部发生了政变，鲁昭公被三桓逐出鲁国，流亡到了齐国。孔子因同情鲁昭公，也跟着到了齐国。

孔子在齐国闻到了韶乐，这可是舜帝时代的乐曲，孔子对它的评价是"尽善尽美"，沉浸在音乐之中三个月之久，以至于肉吃到嘴里都没有感觉，感慨道：没想到，音乐能把人打动到这种程度。"

在孔子的教学科目中，音乐是很重要的一科，他认为"移风易俗，莫善于乐"。说教多了，招人反感；音乐多了则没有副作用。经孔子整理过的传统文化，又叫礼乐文化，礼是文化教育，开发人的左脑功能；乐是艺术教育，开启人的右脑功能。用礼来约束行为，用乐来陶冶情操，这就是人文教育。

孔子原本希望从齐景公这里能够得到一个从政机会，以便实践自己的"君君、臣臣、父父、子子"的治国理想。可是，他在齐国住了一年多时间，不仅从政的希望没有实现，就连齐景公当面答应的给予尼谿之地的封赏也落空了。

　　孔子百思不得其解。后来，孔子得知齐国大夫妒忌自己的才能，不但要挟齐景公收回对自己已许下的赏赐，而且还欲加害自己。于是，孔子又重新回到鲁国，继续聚徒讲学。

　　在这期间，孔子一面教导弟子，一面上下求索。他在理论上的最大成就，就是用"仁"对"礼"进行改造，提出并完善了他的"仁学"理论。

　　孔子认为"仁"就是"爱人"，就是对人要尊重、关心和体谅，"仁"既是每个人必备的修养，又是治国平天下必须遵循的原则。

　　为了实践"仁"，孔子十分重视"礼"，主张克制自己，使自己言论行为都符合礼的要求。对于夏、商、周三代的礼制，孔子最赞赏的是周礼，认为它综合了夏商之礼的优点。在他看来，周礼不仅继承了夏、商之礼的许多形式和"亲亲"、"尊尊"的核心内容，而且大大增

加了夏商之礼所缺乏的道德理性精神，把"有德"、"无德"作为遵礼与否的主要标准。

在此基础上，孔子进一步阐发和弘扬礼的道德性，他用"仁"对礼进行改造和充实，从而把礼提到了一个新的高度。

在当时，正是奴隶社会向封建社会过渡的时期，伴随着奴隶的解放和社会各种关系的调整，人的价值和尊严越来越受到一些先进思想家的重视。

孔子提出的"仁"实际上就是赋予仁以普遍人人之爱的形式，换句话说就是对所有人，包括处于社会最底层的奴隶，都要尊重、关心和体谅。这样一来，"仁"又成为了处理人际关系的准则，即所有人都从"爱人"的原则出发，要帮助别人发达起来，不要把自己厌恶的东西推给别人。

当时正是百家争鸣时期，孔子的言论是百家争鸣中最有影响的。以孔子为代表以及他的弟子们崇尚"礼乐"和"仁义"、提倡"忠恕"和"中庸"之道、主张"德治"和"仁政"、重视伦常关系，成为当时一个最重要的学术流派。

因为孔子曾经从事过丧祝，他的学问也是从丧祝发展而来的，而从事丧祝的人需要身着特制的礼服，头戴特制的礼帽，当时称之为"襦服"。"襦"与"儒"字同音，人们便逐渐直接称"丧祝"为"儒"了。于是，人们就把孔子创立的学派也就称为"儒家"学派了。

公元前501年，51岁的孔子接受了鲁国大夫季氏的聘任，担任了地方官中都宰。一年以后，他擢升为司空，之后又升任大司寇。

在孔子的治理下，鲁国国力日益强盛起来，引起了邻国齐国的警惧。于是，齐大夫黎锄设计，向鲁定公赠送大量女乐宝马。从此，鲁定公成天只顾沉溺于女乐而不问朝政。

孔子劝谏多次却无功而返。孔子见与鲁定公、季桓子等人在道德与政见上的分歧难以弥合，知道自己留在鲁国也难以在政治上有所作为，便离开鲁国，希望到别的诸侯国实践自己的治国理想。

离开鲁国以后，孔子率众弟子周游列国，辗转于卫、曹、宋、郑、陈、蔡、叶、楚等

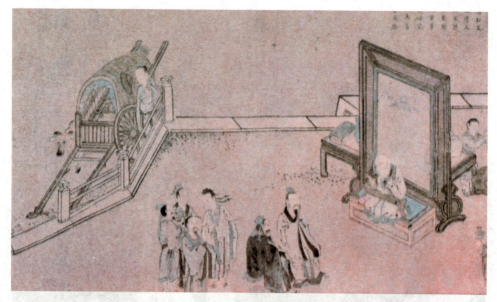

地，去游说那些诸侯王，然而他均未获得重用。

颠沛流离14年后，年近70岁的孔子被鲁国权贵季康子派人迎回鲁国尊为"国老"。但此时的孔子对仕途已经淡漠了，他便将精力主要用在培养弟子和整理古代文化典籍上了。

孔子从事教育达40多年之久，门生众多。据史料记载，孔子弟子有3000人，其中才华出众、品德优良者有72人。

孔子的学生多数来自鲁国、卫国、齐国、秦国、陈国、宋国、晋国、楚国、吴国、蔡国、燕国等，遍布当时的许多个诸侯国。

这些弟子都非常尊敬孔子，他们把孔子的思想进行广泛传播，在当时产生了很大的影响。后来，孔子主要弟子及其再传弟子把孔子的言行记录并整理成了一部书，名叫《论语》，意思是语言的论纂。内容包括孔子谈话、孔子答弟子问、弟子之间的相互讨论以及弟子对孔子的回忆等。

《论语》集中体现了孔子的政治主张、论理思想、道德观念及教

育原则等。全书共20篇，每篇由若干段文字组成，多数段落是以"子曰"开头的孔子语录，少数段落略有记事和对话。

《论语》每篇的题目都是从该篇首段的第一句话中取两字或三字而成，因此这些题目跟篇章内容没有什么联系。各篇的排列顺序也没有什么讲究，每篇内部并没有统一的主题，前后两章之间很少有内容上或逻辑上的联系。

《论语》成书于战国初期，但到西汉时期仅有口头传授及从孔子住宅夹壁中所得的本子。其中鲁国人口头传授的《鲁论语》有20篇，齐人口头传授的《齐论语》有22篇，从孔子住宅夹壁中发现的《古论语》有21篇。

西汉末年，帝师张禹精心研究了《论语》，并根据《鲁论语》和参照《齐论语》，另成一论，称为《张侯论》。此本成为当时的权威读本。据史书《汉书·张禹传》记载：

诸儒为之语曰："欲为《论》，念张文。"由是学者多从张氏、馀家寝微。

《齐论语》、《古论语》不久亡佚。后遗存下来的《论语》有20篇，492章，其中记录孔子与弟子及时人谈论之语约444章，记录孔门弟子相互谈论之语有48章。

孔子是《论语》描述的中心，书中不仅有关于他的仪态举止的静态描写，而且有关于他的个性气质的传神刻画。

此外，围绕孔子这一中心，《论语》还成功地刻画了一些孔门弟子的形象。如子路的率直鲁莽，颜回的温雅贤良，子贡的聪颖善辩，曾皙的潇洒脱俗等，都称得上个性鲜明，能够给人留下深刻印象。

在《论语》中，表现了孔子因材施教的特点，他对于不同的学生对象，考虑其不同的素质、优点和缺点以及具体情况，给予不同的教

海，表现了他诲人不倦的可贵精神。

《论语》和儒家伦理学著作《孝经》是汉朝初学者的必读书，一定要先读这两部书，才进而学习"五经"，"五经"就是后来的《诗经》、《尚书》、《易经》、《仪礼》和《春秋》。

《论语》自汉代以来，便有不少人注解它，可谓称得上是汗牛充栋，举不胜举。

汉朝人所注释的《论语》，后来基本上全部亡佚，后来所残存的，以东汉末年经学大师郑玄注为较多。其他所注各家，在三国时期玄学家何晏《论语集解》以后，就多半只存于《论语集解》中。

后来，我国古代文籍《十三经注疏·论语注疏》就是用的何晏的《集解》和宋人邢昺的《疏》。至于何晏、邢昺前后还有不少专注《论语》的书，可见《论语》影响的深远。

《论语》是研究孔子思想的主要资料，孔子思想的精微就集中在书中。全书的语言简洁精练，含义深刻，其中有许多言论至今仍被世人视为至理。作为我国古代儒家经典著作之一，《论语》在东汉时就被列为"七经"之一。在南宋时，著名思想家朱熹将《论语》和《孟子》以及《礼记》中的《大学》、《中庸》合编为"四书"，与"五经"并列，成为后来读书人科举考试的必读书目。

一部《论语》，便将孔子及其门生的有限生命融入到了无尽的历史之中，创造了我国古代光辉的人文主义精神，被后人誉为"天不生仲尼，万古如长夜"。后人还称赞道："半部《论语》治天下"。可见，《论语》对我国文化的巨大影响力。

拓展阅读

有一天，弟子子路问孔子："听说一个主张很好，是不是应该马上实行？"孔子说："还有比你更有经验、有阅历的父兄呢，你应该先向他们请教请教再说，哪里能马上就做呢？"过了几天，孔子另一弟子冉有也问孔子同样问题："听说一个主张很好，是不是应该马上就去做呢？"孔子答道："当然应该马上去做。"

弟子公西华看见两人问了同样问题，而孔子给他们的答复却截然不同，实在想不通，便去问孔子，孔子说："冉有遇事畏缩，犹豫不决，所以要鼓励他勇敢；子路遇事轻率，不深思熟虑，所以要叮嘱他慎重。"

提倡施行仁政的《孟子》

　　春秋中后期的时候，随着生产力的发展，水利的兴修，铁器的使用和牛耕的推广，各诸侯国的经济得到不同程度的发展，政治形势也产生了相应的变化。

　　这一时期，一些国力强大的诸侯国为了扩大自己的疆域，不断地发生兼并战争，使得原本分散在各诸侯手中的土地、人口和财富，逐渐集中在了少数几个诸侯手里。天下也逐渐从成百上千个小国家整合为十多个大诸侯国。

　　公元前408年，强大的齐国攻破了鲁桓公后代孟孙氏的食邑郕城，孟孙氏子孙便分散流落到其他诸侯国，其中有一支迁居到邹国。

迁居到邹国的孟孙氏后人中有个名为孟激的人，他妻子仉氏为他生了个儿子，取名轲，字子舆。小孟轲刚3岁时，他父亲孟激就去世了，小孟轲的母亲靠给别人织布艰辛地抚养着小孟轲。

小孟轲家附近有一个墓地，有一次，有个人去世了，发丧的队伍经过他家去附近的墓地。小孟轲见发丧的队伍哭得死去活来，他觉得很有意思，便和几个小伙伴模仿发丧，玩起游戏来。

孟母看到后，她认为居住在这样的环境里对小孟轲成长不利，便决定搬到没有墓地的城里去住。

搬到城里不久，一天，小孟轲见家对面卖鲜肉的小贩手提着鲜肉叫卖非常有意思，他便和小伙伴们手拿着萝卜模仿卖鲜肉小贩的叫卖。孟母看后决定再次搬家，不再跟卖鲜肉的小贩为邻了。想到小孟轲喜欢模仿，这次孟母决定把家搬到学校附近居住。搬到学校附近后，小孟轲5岁了，孟母就把小孟轲送到私塾读书。

刚开始的时候，小孟轲读书非常认真，但渐渐地，小孟轲对读书生活产生了厌倦的情绪。有一次上课时，小孟轲乘老师不注意悄悄地从学校溜回家，正遇到孟母在织布机上织布。

孟母从大清早起来就开始织，这个时候已经织成好大一块布了。她见小孟轲回来，就问："你怎么不好好在学校跟老师读书，回家做

什么？"

小孟轲说："妈妈，我不想再读书了，读书没一点意思。"

孟母听了非常生气，她从织布机边站起来，拿了一把剪刀，将已经织好的布匹一刀斩断。顿时，已经快织好的布散落了一地，变成了废料。

小孟轲看到后十分心疼，他不解地问孟母："妈妈，这布已经快织好了，你为什么要把它斩断？"

孟母说："我这么做，就是要你明白，学习知识如同织布，靠的是日积月累，需要坚持不懈的努力才能成功。如果你现在不读了，岂不是跟这织了一半的布一样？半途而废太可惜！"

小孟轲深受震撼，从此以后，他便专心致志地发奋读书，再也不贪玩了。

孟轲15岁的时候，拜儒家思想创始人孔子的孙子子思为师，经过青少年时期的饱学和钻研之后，孟轲开始在家乡聚徒讲学，逐渐成为了当时最有影响的儒学大师，被人们尊称为孟子。

那时候，天下诸侯混战的情形，已经到了非常严重的地步，诸侯国为了争当"霸主"，对内力图改革，以富国强兵，对外则进行兼并战争以扩大疆土，致使人民流离失所。孟子称这种"以力服人"的强权政策为"霸道"。

当时，士人追求的是"学而优则仕"，士人的学习目的，是凭自己的知识和才能参与政治活动，实现自己的政治抱负，因此，孟子在40岁时其学术思想形成之后，他便开始周游列国，以游说诸侯，推行他的"王道"学说和"仁政"主张。

在当时，百家争鸣，游说之风十分盛行。一般游说之士，不但要有高深的学问和丰富的知识，更需要懂得用深刻生动的比喻，来达到讽劝执政者的目的。

孟子是当时有名的辩士，一次，他到魏国去见好战的梁惠王。梁

孟母择邻

经传：儒家经传宝典

惠王说："先生，你不远千里而来，一定是有对我的国家有利的高见吧？"

孟子回答说："大王，何必说利呢？只要说仁义就行了。您如果要求'怎样使我的国家有利'，那么大夫也会要求'怎样使我的家庭有利'，下面的一般人士和老百姓也都要求'怎样使我自己有利'，这必然会使全国上下互相争夺利益，这样国家岂不就危险了吗？在一个拥有一万辆兵车的国家里，杀害国君的人，一定是拥有一千辆兵车的大夫；在一个拥有一千辆兵车的国家里，杀害国君的人，一定是拥有一百辆兵车的大夫。这些大夫在一万辆兵车的国家中就拥有一千辆兵车，在一千辆兵车的国家中就拥有一百辆兵车，他们的拥有不算不多。可是，如果把'义'放在'利'的后面，这些大夫不夺得国君的地位是永远不会满足的。反过来说，从来没有讲'仁'的人会抛弃自己的父母，也从来没有讲'义'的人会夺国君的地位。所以，大王只说'仁义'就行了，何必说'利'呢？"

梁惠王听后十分惭愧。过了几天，梁惠王站在池塘边上，抬头看到天上飞的大雁和原野上奔跑的麋鹿问孟子："贤能的君主也喜欢这

026

个吧？"

孟子回答："贤能的君主并不会把这种娱乐当成首要的追求，不贤明的君主即使喜欢这些也没有办法欣赏。"

孟子又引用了我国先秦诗歌总集的《诗经》里面《大雅·灵台》的诗句劝诫梁惠王："周文王用民众的力量修建灵台、挖掘灵沼，但老百姓觉得很幸福，把他的台叫作灵台，把他的池塘叫作灵沼。他们高兴这里有麋鹿和鱼鳖。古代圣君与民同乐，所以才能真正地欣赏享受园、池，就好像《汤誓》中写到的一样。"

梁惠王又问："我治理梁国费尽了心力，河内遭了天灾，我便把河内的百姓迁移到河东居住，同时把河东的粮食运到河内救济那里的灾民。河东遭了饥荒，我也这样做。我曾考察过邻国，发现他们并没有做到像我这样爱护百姓。可是，邻国的百姓并没有因此而减少，我的百姓也没有因此而增多，这是什么缘故呢？"

孟子回答说："您喜欢战争，让我拿打仗作个比喻吧！双方军队在战场上相遇，免不了要进行一场厮杀。厮杀结果，打败的一方免不了会丢盔卸甲，飞奔逃命。假如一个兵士跑得慢，只逃跑了50步，却去嘲笑逃跑了100步的兵士是贪生怕死，这对不对？"

梁惠王说："不对！逃跑50步跟逃跑100步本质上没有区别。"

孟子说："您既然懂得这个道理，那就不要希望百姓比邻国多了。如果兵役徭

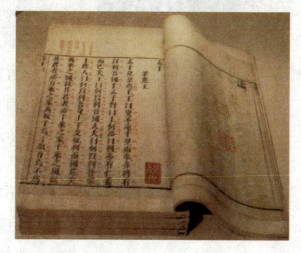

役不妨害农业生产的季节，粮食便会吃不完；如果细密的渔网不到深的池沼里去捕鱼，鱼鳖就会吃不光；如果按季节拿着斧头入山砍伐树木，木材就会用不尽。粮食和鱼鳖吃不完，木材用不尽，那么，百姓便对生养死葬没有什么遗憾。当百姓对生养死葬都没有遗憾时，就是王道的开端了。"

接着，孟子给梁惠王描述了这样一个理想的社会："分给百姓5亩大的宅园，种植桑树，那么，50岁以上的人都可以穿丝绸了。鸡狗和猪等家畜，百姓能够适时饲养，那么，70岁以上的老人都可以吃肉了。每家人有百亩的耕地，官府不去妨碍他们的生产季节，那么，几口人的家庭可以不挨饿了。认真地办好学校，反复地用孝顺父母、尊敬兄长的大道理教导老百姓，那么，须发花白的老人也就不会自己背负或顶着重物在路上行走了。70岁以上的人有丝绸穿，有肉吃，普通百姓饿不着、冻不着，这样还不能实行王道，是从来不曾有过的事。现在的梁国呢，富贵人家的猪狗吃掉了百姓的粮食，却不约束制止；道路上有饿死的人，却不打开粮仓赈救。老百姓死了，竟然说'这不是我的罪过，而是由于年成不好'这种说法和拿着刀子杀死了人，却说'这不是我杀的而是兵器杀的'，又有什么不同呢？大王如果不归罪到'年成不好'，那么天下的老百姓就会投奔到梁国来了。"

梁惠王说："我愿意听您指教！"

孟子说："请问大王，用木棍打死人和用刀子杀死人，有什么不同吗？"

梁惠王回答说："没有什么不同的。"

孟子又问："那么，用刀子杀死人和用政治害死人有什么不同？"

梁惠王说："也没有什么不同。"

孟子接着说："现在大王的厨房里有的是肥肉，马厩里有的是壮马，可老百姓面有饥色，野外躺着饿死的人。这是当权者在带领着野兽来吃人啊！大王想想，野兽相食，尚且使人厌恶，那么当权者带着野兽来吃人，怎么能当好老百姓的父母官呢？孔子曾经说过，首先开始用俑的人，他是断子绝孙、没有后代的吧！您看，用人形的土偶来殉葬尚且不可，又怎么可以让老百姓活活地饿死呢？"

梁惠王又问："当年，天下没有比我们魏国更强的国家了，而现在到了我当政，东边被齐国打败，连我的大儿子也阵亡了；西边又丧失了河西之地700里，割让给秦国；南边又被楚国侵占了8个城邑。我为此感到非常耻辱，希望能早日雪耻复仇，您说我该怎么做呢？"

孟子回答说："在任何方圆百里的小国家，都可以在自己的国土推行王道，大王如果肯对百姓施行仁政，减免刑罚，少收赋税，提倡精耕细作，及时锄草，使健壮的青年利用闲暇时间加强孝亲、敬兄、忠诚、守信的道德修养，做到在家能侍奉父兄，外出能尊长敬上，这

样，即使是手里拿着木制的棍棒，也可以跟拥有坚实盔甲和锋利武器的秦、楚军队相对抗。原因是秦国和楚国侵占了百姓的农时，使百姓无法耕种田地来赡养父母。他们使老百姓的父母受冻挨饿，兄弟妻子各自逃散，您如果兴师前往讨伐这样的国家，有谁能跟您较量呢？'实行仁政者无敌于天下。'请大王不要再犹豫徘徊！"

孟子对各诸侯国之间发动的攻伐战争导致人民流离失所深恶痛绝，所以，他怀着救民于水火的美好愿望，一再劝梁惠王要以"仁者"得"天下"，而不是靠发动战争争霸天下。然而，当时梁惠王致力于富国强兵，希望通过暴力的手段实现统一。孟子的仁政学说被并没有得到实行的机会。

齐宣王曾经向孟子问："齐桓公、晋文公在春秋时代称霸的事情，您可以讲给我听听吗？"

孟子回答说："孔子的学生并没有谈论过齐桓公、晋文公称霸之事，所以没有传到后代来，我也没有听说过。您如果一定要我说，那我就说说用道德来统一天下的王道吧？"

齐宣王问："那么，怎么做才可以用道德统一天下呢？"

孟子说："这就要求您，所做的一切都是为了让老百姓安居乐业。这样去统一天下，就没有谁能够阻挡了。"

齐宣王说："像我这样的人能够让老百姓安居乐业吗？"

孟子说："能够。"

齐宣王说："你凭什么知道我能够呢？"

孟子说："曾经有人告诉过我一件事，说您有一天坐在大殿上，有人牵着牛从殿下走过。您看到了，便问：'把牛牵到哪里去？'牵牛的人回答，'准备杀了取血祭钟'。您说，'放了它吧！我不忍心看到它害怕得发抖的样子，就像毫无罪过却被判处死刑一样。'牵牛的人问，'那就不祭钟了吗？'您说，'怎么可以不祭钟呢？用羊来代替牛吧！'不知道有没有这件事？"

齐宣王回答说："是有这件事。"

孟子说："凭您有这样的仁心就可以统一大江南北了。老百姓听说这件事后都认为您吝啬，我却知道您不是吝啬，而是因为不忍心。"

齐宣王说："是的，确实有老百姓这样认为。不过，我们齐国虽然不大，但我怎么会吝啬到舍不得一头牛的程度呢？我其实是不忍心看到牛害怕得发抖的样子，所以用羊来代替它。"

孟子说："您也不要责怪老百姓认为您吝啬。他们只看到您用小的羊去代替大的牛，哪里知道其中的深意呢？何况，您如果可怜牛毫无罪过却被宰杀，那么羊不也是毫无罪过而被宰杀的吗？试想一下，牛和羊有什么区别呢？"

齐宣王说："是啊，老百姓这样认为，的确有他们的道理。但我真的是不忍心看到牛害怕得发抖的样子，所以用羊来代替它。"

孟子说："您这种不忍心正是仁慈的表现，你之所以要用羊来代替，是因为您当时没有亲眼见到羊被宰杀的样子。从古至今，君子对于飞禽走兽，见到它们活着，便不忍心见到它们死去；听到它们哀叫，便不忍心吃它们的肉。所以，君子总是远离厨房。"

之后，孟子又游说于魏、齐、宋、滕、鲁等国，但其"仁政"理想均未能实现。随后，孟子便退居讲学，和他的学生一起，"序《诗》、《书》，述仲尼之意，作《孟子》七篇"。

《孟子》一书是孟子的言论汇编，由孟子及其弟子共同编写而

成，记述了孟子一生的主要言论、政治活动和思想学说，属语录体散文集。全书共有7篇：《梁惠王》上、下；《公孙丑》上、下；《滕文公》上、下；《离娄》；《万章》上、下；《告子》上、下；《尽心》上、下。

《孟子》一书集中地体现了孟子的政治思想、哲学思想和教育思想。孟子的政治思想与孔子一脉相承，并把孔子"仁"的政治思想发展为"仁政"学说。这一学说主张统治者要施仁政于民，以德服人，实行王道，反对以力服人，实行霸道；对臣民应减轻刑罚与赋税，发展农业生产；对百姓应施行道德教化，从而使国家长治久安。

孟子认为，一国之君要施行仁政，就要进行"推恩"。仁政的具体措施，有保民、养民、教民等几项措施，不仅仅要让百姓生存，而且更要让他们有教养，这样就会确保王道仁政。

孟子提出的一套仁政主张，成为儒家政治思想的重要内容。孟子重视民心向背，提出了君轻民贵的口号。孟子认为君主实现仁政，应该以使人民心悦而诚服为目标，国君作出重大决定，应认真听取国人意见。"民为贵"并不是说百姓的地位要比国君的地位高，而是说国君在治国时，如果不照顾到老百姓的利益，就很难维持自己的统治。

《孟子》还指出，国家存在的根本不在于"天时、地利"，而在于"人和"，"得道者多助，失道者寡助"，劝诫统治者要与民同忧同乐。

《孟子》中的"仁政"学说，其哲学基础是"性善说"。孟子认为人性善，把仁、义、礼、智看成是人的本性，是先天固有的，所以人就应该努力地去培养和扩展这些善的本性。

孟子认为：仁，人心也，义，人路也。仁义合一，居仁由义，是现实的伦理与合理的道德。

从孟子开始，"义"便在道德哲学体系中具有了特别重要的地位，从而形成了儒家以"仁、义"为核心和标识的道德哲学体系。

同时，孟子还将"羞恶之心"提高到"义之端也"，意即提高到"义"的根源地位，也就将羞耻心与道德直接同一，将它当作道德的现实性与道德合理性的基础。孟子特别强调"耻"对于德行的重要意义。他说：

> 耻之于大人矣！为机变之巧者,无所用耻焉，不耻不若人，何若人有？

还说：

> 人不可以无耻矣，无耻之耻，无耻矣。

除此之外，《孟子》还非常重视教育对人的影响作用；强调人的自我教育，主张修身养性，"养吾浩然之气"，以完善自我；书中还教育人们为实现远大奋斗目标，要有"苦其心志"、"劳其筋骨"、"饿其体肤"的吃苦精神。并提出"富贵不能淫，贫贱不能移，威武不能屈"的道德标准。

在孟子所处的时代，政治斗争激烈，各派学说蜂起。为了宣传自己的主张，孟子不得不与其他各类思想与学派进行交锋，这就使《孟子》中的许多文章充满了论辩性。

在论辩中，孟子往往巧妙地运用了逻辑推理的方法，采用欲擒故纵、反复诘难、迂回曲折的方式，把对方引入自己预设的结论中。

另外，孟子还"长于譬喻"，把抽象的道理用具体生动的形象表现出来，这使得《孟子》一书的文章富于形象性，具有强大的艺术感染力。君子气势浩然是《孟子》一书的另一个重要的艺术特征。这种风格，源于孟子人格的修养。

孟子成为仅次于孔子的一代儒家宗师，东汉著名的经学家赵岐称孟子为"命世亚圣之大才"。 南宋著名的思想家朱熹将《孟子》与《论语》、《大学》、《中庸》合在一起称"四书"。

后来元代至顺初年，元文宗皇帝加赠孟子为"邹国亚圣公"， 尊封为"亚圣"，从此，孟子便与孔子合称为"孔孟"。直到清末，《孟子》一直都是科举必考的内容。

拓展阅读

当孟家还在庙户营村集市旁居住时，孟子看到邻居杀猪，不解地问母亲："邻家杀猪干什么？"孟母当时正忙，便随口应道："煮肉给你吃！"孟子十分高兴，等待食肉。

孟母深知做人要诚实，所谓"言必信，行必果"，而且她深深知道身教重于言传。为了不失信于儿子，尽管家中十分困难，孟母还是拿钱到东边邻居家买了一块猪肉，让儿子吃了个痛快。

修身治国之学的《大学》

在我国西周时期，社会兴旺发达，人们对生产、生活法则的认识，以及在社会生活典章制度的建立等方面都积累了丰富的经验，逐渐达到了比较齐备的程度。在这样的基础上，为了传承这些经验，从王宫到国都以及普通街巷，没有不设立学校的。

上自王公的子孙，下至老百姓的子弟，年满8岁的孩子，都进入小学学习。

当时，小学教学的内容是日常生活、待人接物的基本礼节，其中包括礼仪、音乐、射箭、驾车、识字、计算等基础知识和基本技能。待孩子长到15岁时，再进入大学学习穷尽事理、端正本心、修养自身、管理人的原则和方法。

这些西周学校的设置是如此广泛，教学方法的次序和内容是如此详细分明，而所教的内容，都是人君亲身经历的经验、教训和心得，不要求学习日常生活规则和伦理之外的知识。正因为这样，当时这些学习的人，没有不明白自己的职分所应当做和不应当做的，这样各人就埋头尽力来做好自己的事情。

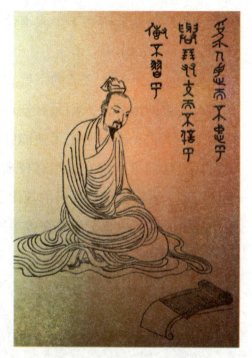

到了东周时期，周王室衰微，渐渐失去了对诸侯的控制能力。诸侯虽然是周王室的臣属，但在其自己的领地内却是国君，拥有用人、财政、军事等方面的独立大权。于是，一些诸侯势力强大之后，他们便不再服从周王室的命令，维护封建宗法等级制度的"周礼"遭到极大破坏，诸侯争霸，社会处于动荡之中。

由于社会内部不可调和的矛盾引起的深重危机摇撼了传统文化的权威性，对传统文化的怀疑与批判精神与日俱增。上述学校的教学体制不能推行，教化随世事而变迁，风俗也颓废败坏。

在这样的时代，孔子就独自开设私人学校，仿效先王之法，招收弟子习读《诗》、《书》和历史文献，把先王之道传授给弟子们。

孔子有3000多个学生，其中有一个叫曾参的弟子，深明其中真义，他把孔子的讲解写成书，名为《大学》，作为传讲的精义，并在此基础上加以发挥和说明，传播于世。

《大学》着重阐述了个人道德修养与社会治乱的关系，明确道德在社会生活中的作用。事实上，这正是孔子思想体系的组成部分。

孔子认为，先王之道的宗旨在于弘扬人们光明正大的品德，使人达到最完善的境界。人们只有知道自己应该达到的境界，才能够志向坚定地走下去；志向坚定了便能够清静安心、思虑周详地去实现自己的目标。任何事物都有根本有枝末，有开始有终结，明白了这本末始终的道理，就接近事物发展的规律了。

孔子的这一思想，反映在曾参所著《大学》里，书中写道：

> 大学之道，在明明德，在亲民，在止于至善。知止而后有定，定而后能静，静而后能安，安而后能虑，虑而后能得。物有本末，事有终始，知所先后，则近道矣。

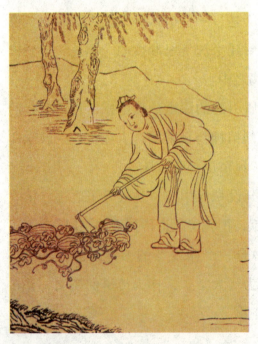

君主要达到这个"道"，有8个具体步骤。对此，《大学》里这样写道：

> 物格而后知至，知至而后意诚，意诚而后心正，心正而后身修，身修而后家齐，家齐而后国治，国治而后天下平。

这里的"格物"、"致知"、

"意诚"、"心正"、"身修"、"家齐"、"国治"、"天下平",其每一项都以前一项为先决条件,而"身修"即修身是其中最根本的、具有决定意义的一步。前4项是修身的方法途径,后3项是修身的必然效果。从《大学》开始,"修身、齐家、治国、平天下"成为儒家经典。

曾参能够编著成流传后世的《大学》,以至于在儒学传播中产生巨大的效应,和他的家学渊源有很大关系。

曾参是春秋末期鲁国人,他的祖先是"五帝"之首黄帝。西周建立的时候,曾参的先祖曲烈被封于曾,公元前557年莒灭曾。曾国太子巫逃到鲁国,曾参是太子巫的第五代孙。

曾参的父亲曾点也是孔子的学生,被列为"孔门七十二贤"之一。他对曾参的教育,从一开始就非常严格。曾参小的时候,有一次,曾点叫曾参去瓜地锄草,曾参不小心将一棵瓜苗锄掉。曾点认为曾参用心不专,便用棍子责打曾参。由于出手太重,将曾参打昏了。

曾参苏醒后,立即退到一边"鼓琴而歌",以此告诉父亲,作为

儿子的他并没有因为被父亲打晕而忿忿不平。

曾参16岁时拜孔子为师，他勤奋好学，颇得孔子真传。当孔子知道他被父亲打的这件事后，颇为感慨，认为小惩罚可以接受，大惩罚则可以避一避。否则的话，如果被盛怒的父亲打死的话，就会令父亲受不义之恶名，从而造成终身遗憾。

曾参听到后认为，如果真的那样，自己的罪过就大了！可见曾参对父亲的感情之深。

孔子去世后，曾参为了积极推行儒家主张，传播儒家思想，他便开始聚徒讲学。当时曾参的门下有不少弟子，因而他被尊称为曾子。

孔子的孙子孔伋，字子思，在孔子过世后便也师从曾子，子思学成之后又传授给孟子。因之，曾子上承孔子之道，下启思孟学派，对孔子的儒学学派思想既有继承，又有发展和建树。曾子以他的建树，成为与孔子、颜子、子思、孟子比肩共称为儒家五大圣人。

曾子在生活上"战战兢兢，如临深渊，如履薄冰。"一生都谨慎小心，用他自己的话来讲，叫作"十目所视，十指所指"，意思是说，我一个人在房间里面，就好像有十只手指着我，十个眼睛看着我，我当然是循规蹈矩了。

曾子还提出"慎终，追远，民德归厚"的主张，又提出"吾日三省吾身"的修养方法。

曾子由于性情沉静，举止稳重，为人谨慎，待人谦恭，以孝著称，齐国打算聘请他为卿。曾子因为要在家孝敬父母，就推辞了。

曾子作为孔子学说的主要继承人和传播者，自从著成《大学》，他和他的《大学》在儒家文化中具有承上启下的重要地位，被后世儒家尊为"宗圣"。

《大学》是我国古代儒家经典《礼记》中的一篇。为"初学入德之门也"。着重阐述了个人道德修养与社会治乱的关系，以"明明德"、"亲民"、"止于至善"为修养的目标。北宋教育家程颢、程颐特别重视《大学》，曾分别将它从《礼记》中抽出来加以改编，使之独立成篇。

南宋著名的思想家朱熹在"二程"改编的基础上继续加工、编排，分为"经"、"传"，作成章句，通过注释阐发己意，并将它和《论

语》、《孟子》、《中庸》合编为"四书"，在封建社会后期影响极大。

《大学》的版本主要有两个体系，一是经朱熹编排整理，划分为经、传的《大学章句》本；一是按原有次序排列的古本，即《礼记》中的《大学》原文。以朱熹《大学章句》本，流传最广、影响最大。

朱熹的《大学章句》，随其《四书章句集注》一道，在封建社会后期一直被作为学校教育及科举取士的基本程式，由此，《大学》的思想内容也就通过了朝野士大夫的思行言教而辐射到了整个社会心理之中。

《大学》文辞简约，内涵深刻，影响深远。两千年来无数仁人志士由此登堂入室以窥儒家之门。该文从实用主义角度，对人们如何做人、做事、立业等等均有深刻启迪意义。

拓展阅读

孔子常常和他的弟子们讲如何修身的道理和方法。一天，弟子们向孔子请教："老师，为什么说自己做不到的事，就不能要求别人去做呢？"

孔子说："尧舜用仁爱统治天下，老百姓就跟随着仁爱；桀纣用凶暴统治天下，老百姓就跟随着凶暴。统治者的命令与自己的实际做法相反，老百姓是不会服从的。所以，品德高尚的，总是自己先做到。然后才要求别人做到；自己先不这样做，然后才要求别人不这样做。不采取这种推己及人的恕道而想让别人按自己的意思去做，那是不可能的。"众弟子们恍然大悟，这才明白了"己所不欲勿施于人"的道理。

人性修养著作的《中庸》

那还是在远古时代，人们逐渐从对"天"的观察活动中总结出了宇宙的普遍规律，并将其称之为"道"，使其一代代地传下来。

人文始祖尧帝传位给舜的时候所说的话有"允执厥中"，舜帝传位给禹的时候所说的话也有"人心惟危，道心惟微，惟精惟一，允

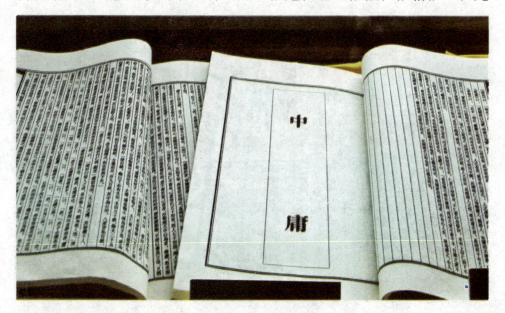

执厥中"。允就是允诺，就是你答应，就是尧告诉舜你要答应执掌，"坚定执掌以民生为中心"。这个"中"呢？就是"中道"。

尧说的那一句话，就已讲清了什么是"道"的至极之理，也已经完全包容了至极之理的内容。而舜后来在这一句话上又加上另外3句，是为了更好地说明尧所说的那句话的前因后果，因为只有明白了前因后果，才有可能对"道"的理解达到既精且微的"庶几"的地步。

所以，自从人类得到"道"以来，一代代圣人相互传承，这样的传统称之为"道统"，即是关于"道"的传统。像"至圣先师"孔子，虽然本人没有朝廷的官爵禄位，然而，由于其继承整理了以往圣人关于"道"的学问，为后来的人在学习"道"的学问上开辟了道路，其在"道"的功德方面甚至还远胜于尧舜这样的君王。

有一天，孔子和弟子们聚在一起讨论学问。弟子子贡问孔子："老师，子张和子夏哪一个贤一些？"

孔子说："子张过分，子夏不够。"

子贡又问："那么，'过分'是不是比'不够'贤一些呢？"

孔子说："'过分'与'不够'貌似不同，其实质却都是一样的，都不符合中庸的要求。中庸的要求是恰到好处，君子中庸，小人违背中庸。"

子贡又问道："那么，老师，怎么样才能够完全做到中庸呢？"

孔子长叹了一口气说："天下国家可以治理，官爵俸禄可以放弃，雪白的刀刃可以践踏而过，中庸却不容易做到啊。"

子贡又问："为什么中庸不容易做到呢？"

孔子说："中庸之道不能实行的原因是，聪明的人自以为是，认识过了头；愚蠢的人智力不及，不能理解它。中庸之道不能弘扬的原因是：贤能的人做得太过分，不贤的人根本做不到。无论是智还是愚，无论是贤还是不肖，都是因为缺乏对"道"的自觉性。就像人们每天都要吃喝，但却很少有人能够真正品尝滋味。"

"人人都说自己聪明，可是被驱赶到罗网陷阱中去却不知躲避。人人都说自己聪明，可是选择了中庸之道却连一个月时间也不能坚持。"

子贡又问："那么，老师，什么样的人才能够做到中庸呢？"

孔子说："像舜那样具有大智慧的人！舜喜欢向人问问题，又善于分析别人浅近话语里的含义。避开人家的坏处，宣扬人家的好处。过与不及两端的意见他都掌握，采纳适中的用于老百姓。这就是舜之所以为舜的地方吧！"

孔子对中庸之道持高扬和捍卫态度，是因为一般人对中庸的理解往往过于肤浅，看得比较容易。正是针对这种情况，孔子才把它推到了比赴汤蹈火、治国平天下还难的境地，目的是为了引起人们对中庸之道的高度重视。

孔子曾经说："中庸作为一种道德，是至高无上的。"针对当时"礼崩乐坏"的社会现实，他也曾感叹，"老百姓缺乏这种道德已经很久了。"

天下人共有的伦常关系有五项，也就是君臣、父子、夫妇、兄弟、朋友。为了保持彼此之间统一和谐的关系，孔子认为彼此的行动都要有一个"度"，超过或不足都会破坏这种统一和谐的关系。

在诸侯国之间的关系上，孔子针对当时王室衰弱、诸侯争霸的现

实，他要求大国在"尊王攘夷"的旗号下以盟会的方式维持列国之间的平衡。他所以对齐桓公和管仲由衷地赞扬，就是因为他们在实现齐国霸业的同时维护了周王室的地位和列国的稳定。

有一天，鲁国君主鲁哀公向孔子询问："怎么样才能把国家治理好呢？"

孔子说："周文王、周武王

的政事都记载在典籍上。他们在世，这些政事就实施；他们去世，这些政事也就废弛了。治理人的途径是勤于政事；治理地的途径是多种树木。说起来，政事就像芦苇一样，完全取决于用什么人。要得到适用的人在于修养自己，修养自己在于遵循大道，遵循大道要从仁义做起。仁就是爱人，亲爱亲族是最大的仁。义就是事事做得适宜，尊重贤人是最大的义。至于说亲爱亲族要分亲疏，尊重贤人要有等级，这都是礼的要求。所以，君子不能不修养自己。要修养自己，不能不侍奉亲族；要侍奉亲族，不能不了解他人；要了解他人，不能不知道天理。"

在个人道德修养上，孔子要求人们，特别是君子应把两种看起来互相矛盾的品格恰到好处地结合在一起，使之处于一种完善的标准状态。

一日，弟子子贡向孔子问道："老师，贫穷而不去巴结人，富有而不骄傲自大，这种人怎么样呢？"

孔子说："当然可以，但是还不如贫穷而仍然快乐，富有而尚好礼节的人。"又说，"典籍上说，君子矜持而不争执，就会疑惑不决。"

子贡又问："老师，奢侈跟节俭相比，哪个更不好呢？"

孔子说："奢侈就会不恭顺，节俭就会寒碜。与其不恭顺，宁可寒碜。"

孔子在个人道德修养方面要求对每一种品格都能把握一个恰到好处的"度"，这就是一个君子的形象。

在处理人伦关系上，孔子把中庸与礼联系起来，实际上既讲等级尊卑，要求每个人充分意识到自己在社会上的地位，不僭越、不凌下，同时又调和、节制对立双方的矛盾，使不同等级的人互敬互让，和睦相处，使整个社会和谐地运行。

孔子中庸学说的真谛在于礼的应用、以和为贵，是一种治国的艺术、处世的艺术和自我修养的艺术。其主要原则有3条：一是慎独自修，二是忠恕宽容，三是至诚尽性。其目的不外乎要求人们正视自己的等级名分，一切都在礼的框架内活动，以求得上下关系的和谐与社会的安宁。

孔子之后，对于"道"能由"见"而能达到"知"境界的，只有弟子颜回和曾参，这两人可说是真正体悟到了"道"的本质，得到了孔子的真传。其后由曾参再往下传，又回传到孔子的孙子子思那里。

子思生活的时代，正是我国动荡不安的战国时期，当时的各个大诸侯国都是欲争当"霸主"以主宰天下。对内力图改革，以富国强兵，对外则进行兼并以扩大疆土。

在这样的年代里，涌现出一批"策士"，他们四处奔波，游说诸侯，为之出谋划策。这些"策士"们关心的并非人民的痛苦和社会的动荡，所追求的是个人名利。

这时的学界已经与孔子的圣学相去已远，各种异端邪学已经繁衍起来。子思恐怕时日愈久远则道统的真正学问也会流失得愈多，所以按照尧舜相传的关于"道"的本来之深意，加之平日从父辈和老师之处所得到的见闻，相互参照演绎，写成《中庸》一书，以将道统的精髓诏告于后世的学者。

关于《中庸》一书的作者有不同的说法，传统观点认为《中庸》出于子思之手。司马迁在《史记·孔子世家》中明确指出："子思作《中庸》。"以后，汉唐注家也多遵从此说。

《中庸》全篇以"中庸"作为最高的道德和自然法则，讲述天道和人道的关系，把"中庸"从"执两用中"的方法论提升到了世界观的高度。

在子思看来，喜怒哀乐的情感还没有发泄出来的时候，心是平静的，无所偏倚，这就叫作"中"；如果情感发泄了出来能合乎节度，没有过与不及，这就叫作"和"。

"中"是天下万事万物的根本，"和"是天下共行的大道。人如果能把"中"、"和"的道理推而广之，那么天地之

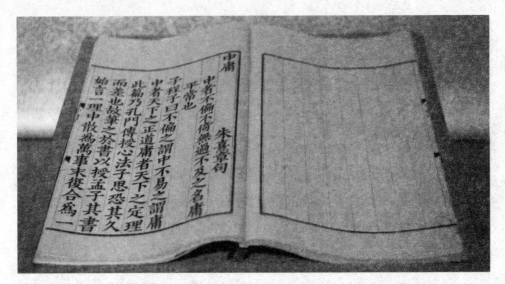

间一切都会各安其所，万物也都各遂其生了。

孔子学说以伦理思想为核心，以仁、礼等道德范畴的阐发为主要内容，鲜明地体现了儒学伦理的思想特色，但不足之处是缺乏哲学论证，思辨性较弱。

子思的《中庸》欲极微妙之致，为孔子的伦理学说提供了哲学依据。同时，也为儒学伦理思想提供了哲学依据，使之更加完备、系统和富有哲理性。

子思就天道与人性两个根本问题展开论证，天道观念由来已久，夏殷两代，天命神权占统治地位。殷商之后，对这一传统观念有所修正，提出以德配天思想，把伦理道德观念和传统天命思想紧密结合起来，为人们探索道德问题提出了一条新路。

孔子大讲道德，却回避了人性与天道，子思从人性和天道的角度深化孔子的伦理思想，为中庸奠定了完善的哲学基础。

在子思看来，"中和"即为诚，诚与中和在本质上是一致的。诚是一种精神状态，是天之道。他提出诚的概念，旨在论证天人合一。

天道和人道由诚达到沟通。子思的天人合一的思想，后来经过孟子的进一步发挥，称为儒学关于天人关系的基本观点。

在子思身上表现出儒家从道不从君的主张。有一次，鲁国的国君鲁穆公问子思："什么样的人才可以称之为忠臣呢？"

子思不假思索地说："只有那些一直指出国君恶行的人，才可以称之为忠臣。"鲁穆公没有想到子思敢这样回答，惊愕万分，一时无语，但是心中的不悦之情却表现在脸上。

"诚"是子思思想体系的最高范畴，也是道德准则，同时还是思孟学派思想的主要内容。子思说，"诚者天之道"，即"诚"就是"天道"，而"天道"即是"天命"。

为此，子思在《中庸》二十五章说：

> 诚者，物之终始，不诚无物……诚者，非自成己而已也，所以成物也。

主观上"诚"是第一性的，而客观上存在的"物"是第二性的。以"诚"这种主观精神来说明世界的产生和发展的学说，属于一种唯心主义的思想。

子思提出的"诚"，在思想史上具有重要的意义。它将孔子伦理思想扩大化，从而成为更广泛、更唯心主义化，以至趋向宗教性的思想。这是思孟学派对儒家思想的重大发展，从而为儒家思想奠定了哲学的基础。

子思的"诚"与五行说有密切的关系。《中庸》里的"诚"就是"信"，它包含了五行的内容。子思的著作中虽然没有"金、木、水、火、土"五行字样，但其中五行说的内容确是存在的。

《中庸》是我国古代讨论教育理论的重要论著。后来北宋经学家程颢、程颐极力尊崇《中庸》。南宋著名思想家朱熹又作《中庸集注》，并把《中庸》和《大学》、《论语》、《孟子》并列称为"四书"。

宋、元以后，《中庸》成为学校官定的教科书和科举考试的必读书，对我国古代教育产生了极大的影响。《中庸》作为我国古典哲学，曾广泛而深刻地影响了我国历史的发展，也为世界文化宝库贡献了辉煌的篇章。

一天，孔子的弟子子路问孔子："老师，什么是强？"

孔子说："你所问的是南方人的'强'呢？还是北方人的'强'？还是你所谓的'强'呢？用宽宏柔和的道理教化人，能忍受无理的欺侮而不报复，这是南方人的强，君子安然处之。至于披铠甲，卧枕刀枪，死也不后悔，这是北方人之强。好勇斗狠的人安于此道。因此君子与人和平相处，而不随流俗移转，这是真正的强啊！"

子路性情鲁莽、勇武好斗，所以孔子教导他：强有体力的强，有精神力量的强，但真正的强不是体力的强，而是精神力量的强。精神力量的强体现为和而不流，柔中有刚；体现为中庸之道；体现为坚持自己的信念不动摇，宁死不改变志向和操守。

儒家五经

在五千年的历史长河中，我国的先贤们创造了灿烂的文化。对此，儒家经典翔实地记载了我国思想文化发展史上最活跃时期的政治、军事、外交、文化等各方面的史实及影响后世的哲学思想。

儒家经典内容涉及到我国古代社会政治制度、军事斗争、文学艺术等多方面。千百年来，它既是读书人从事学术活动的基础文本，也是上至帝王将相，下至黎民百姓治国、修身、立德的根本依据。无论是在我国思想史还是世界思想史上，均产生了极其深远的影响。

最早的诗歌总集《诗经》

商王朝的时候，由于牲畜业及冶炼工业技术的发展，奴隶主的生活水平得到快速提高。而奴隶主为了祭祀和享乐，音乐歌舞也极为发达。西周政权建立后，由于经济制度的巨大变革，促使社会在精神文明方面产生飞跃性进步。

西周文化通过长期积累和在损益前代的基础上，得到了空前提高。这时，有人开始用诗歌来记录生活，抒发情感，歌颂爱情和赞美劳动。

每年初春，聚居在一起的百姓都要分散到田野去从事生产劳动。一天，一个年轻的男子在河边割荇菜的时候，遇到一位美丽的姑娘，于是这位男子对美丽姑娘萌发了强烈的爱慕之情。

但很快，美丽姑娘就从男

子视线里消失了，男子遂对美丽姑娘思念不已，以至于回去后辗转反侧，梦寐以求，幻想有一天能与美丽姑娘成婚。

后来，男子便将自然景象与自己内心对美丽姑娘的美好情感融会起来，景中含情，情中蕴景地以诗歌的形式唱了出来：

关关雎鸠，在河之洲。窈窕淑女，君子好逑。

参差荇菜，左右流之。窈窕淑女，寤寐求之。

求之不得，寤寐思服。悠哉悠哉，辗转反侧。

参差荇菜，左右采之。窈窕淑女，琴瑟友之。

参差荇菜，左右毛之。窈窕淑女，钟鼓乐之。

这首诗非常优美，如果翻译成韵文，大致的意思就是：雎鸠关关

在歌唱，在那河中小岛上。善良美丽的少女，小伙子理想的对象。长长短短鲜荇菜，顺流两边去采收。善良美丽的少女，朝朝暮暮想追求。追求没能如心愿，日夜心头在挂牵。长夜漫漫不到头，翻来复去难成眠。长长短短鲜荇菜，两手左右去采摘。善良美丽的少女，弹琴鼓瑟表宠爱。长长短短鲜荇菜，两边仔细来挑选，善良美丽的少女，钟声换来她笑颜。

当时，辅佐周成王治国的周公为了考察各地民俗风情，了解实施政策的得失，就派出专门的采诗官摇着木制的大铃巡视在路上，向百姓采集民歌。然后，将采集到的民歌交给史官，由史官汇集整理成册后献给周天子看，作为国家修正政策的参考。

关于周代采诗官采风，在古籍中是这样记载的：

孟春之月，群居者将散，行人振木铎，徇于路以采诗，献之太师，比其音律，以闻于天子。故曰王者不出牖户而知天下。

后来，这些诗歌收集的越来越多，竟达3000多首。于是，周公就让人把这些诗歌编辑成一本书，并取名《诗经》，并让周天子和周朝贵族子弟们都来读这部作品。

　　因此，《诗经》也成为当时教育普遍使用的文化教材，能背诵《诗经》也成为贵族人士必备的文化素养。《诗经》中的乐歌，有的还成为各种典礼、礼仪的演奏曲目，有的则在聚会时歌唱。

　　《诗经》被作为周朝礼乐文化的重要组成部分，广泛流行于诸侯各国，运用于祭祀、朝聘、宴饮等各种场合。《诗经》在当时的政治、外交活动中，发挥了重要作用。而且，在教化人民方面，也起到了重要作用。

　　到了春秋以后，周王朝逐渐衰微。这时，第一个以私人讲学身份出现的大教育家孔子，从流传的3000多篇诗中，加以整理修订，把那些重复的、于礼义标准不符合的都删掉，而精选了305篇诗歌，重新编成了《诗经》，作为对学生进行政治伦理教育、美育的教材。

　　在《诗经》中，孔子对诗歌作品的编排和分类，主要是按照音乐

的特点来划分。其中，《诗经》又分为《风》、《雅》、《颂》3部分。《风》、《雅》、《颂》是《诗经》的体裁，也是《诗经》作品分类的主要依据。

其中，《风》包括《周南》、《召南》、《邶风》、《鄘风》、《卫风》、《王风》、《郑风》、《齐风》、《魏风》、《唐风》、《秦风》、《陈风》、《桧风》、《曹风》、《豳风》，共15国的《国风》，诗160篇；《雅》包括《大雅》31篇，《小雅》74篇，大多为贵族用来祈祷丰年、歌颂祖德的诗歌；《颂》包括西周的祭歌《周颂》31篇，殷商后人保存下来的祭祀先祖的祭歌《商颂》5篇，春秋时代鲁国的祭歌《鲁颂》4篇，共40篇。

这些诗篇，就其原来性质而言，是歌曲的歌词。为此，《墨

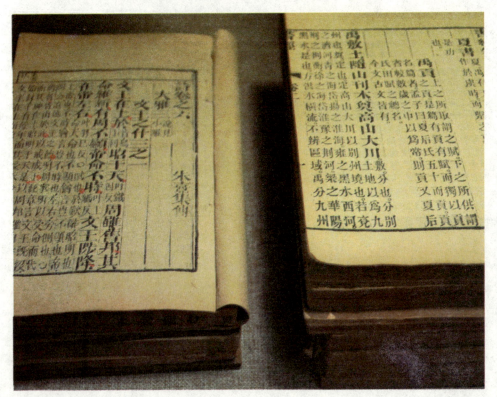

子·公孟》说：

> 颂诗三百，弦诗三百，歌诗三百，舞诗三百。

意思是说，《诗经》中的诗共有300多篇，均可诵咏、用乐器演奏、歌唱、伴舞。《史记·孔子世家》又说：

> 三百五篇，孔子皆弦歌之，以求合韶、武、雅、颂之音。

这些说法虽或尚可探究，但《诗经》在古代与音乐和舞蹈关系密切，是无疑的。

"风"的意思是土风、风谣。为此，《风》是相对于周王朝"王畿"直接统治地区而言的、带有地方色彩的音乐，15国《国风》就是15个地方的土风歌谣。其地域，除《周南》、《召南》产生于江、汉、汝水一带外，均产生于从陕西到山东的黄河流域。

《国风》是《诗经》中的精华，是我国古代文艺宝库中璀璨的明

珠。《国风》中的周代民歌以绚丽多彩的画面，反映了劳动人民真实的生活。

在《国风·豳风》中，《七月》是《国风》中最长的一首诗，它向我们展示了一幅古代奴隶社会阶级压迫的图画，男女奴隶们一年到头无休止的劳动，结果都被贵族们剥夺得一干二净。

这诗叙述农人全年的劳动。绝大部分的劳动是为公家的，小部分是为自己的。

全诗共分为八章。第一章从岁寒写到春耕开始。第二章写妇女蚕桑。第三章写布帛衣料的制作。第四章写猎取野兽。第五章写一年将尽，为自己收拾屋子过冬。第六章写采藏果蔬和造酒，这都是为公家的。为自己采藏的食物是瓜瓠麻子苦菜之类。第七章写收成完毕后为公家做修屋或室内工作，然后修理自家的茅屋。末章写凿冰的劳动和

一年一次的年终宴饮。如《七月》的第一章写道：

> 七月流火，九月授衣。
>
> 一之日觱发，二之日栗烈。
>
> 无衣无褐，何以卒岁。
>
> 三之日于耜，四之日举趾。
>
> 同我妇子，馌彼南亩，田畯至喜。

　　豳地在我国后来的陕西旬邑、彬县一带，公刘时代的周之先民还是一个农业部落。《七月》反映了这个部落一年四季的劳动生活，涉及到衣食住行各个方面，它的作者应该是部落中的成员，所以口吻酷肖，角度极准，从各个侧面展示了当时社会的风俗画面。

《诗经》中的《雅》是"王畿"之乐，这个地区周人称之为"夏"，"雅"和"夏"古代通用。雅又有"正"的意思，当时把"王畿之乐"看作是正声典范的音乐。

《大雅》是西周的作品，大部分作于西周初期，小部分作于西周末期，《小雅》除少数篇目可能是东周作品外，其余都是西周晚期的作品。《大雅》的作者，主要是上层贵族；《小雅》的作者，既有上层贵族，也有下层贵族和地位低微者。

《诗经》中的《雅》大体以10首歌为一组，叫作《什》。《诗经·大雅》分《文王之什》、《生民之什》、《荡之什》共3节，这些作品，最初主要用于典礼、讽谏和娱乐，是周代礼乐文化的重要组成部分，是实行教化的重要工具。《大雅》编辑成书后，广泛流行于诸侯各国，运用于祭祀、朝聘、宴饮等各种场合，在当时的政治、外交活动中，发挥了重要作用。

《诗经·大雅》中的周族史诗，真实地再现了周民族的发生发展史。如《生民》、《公刘》、《绵》、《皇矣》、《大明》等五篇作品，赞颂了后稷、公刘、太王、王季、文王、武王的业绩，反映了西周开国的历史。

《生民》写始祖后稷的神异诞生和他对农业的贡献。《公刘》写公刘率领周人，由邰即陕西武功迁徒到豳，开始了定居生活，在周部族发展史上有重大意义。

《绵》写的是古公亶父率周部族再次由豳迁至岐（即陕西岐山县之周原），划定土地疆界，开沟筑垒，设置官司、宗庙，建立城郭，创业立国，并叙及文王的事迹。

《皇矣》先写太王、王季的德业，然后写文王伐崇伐密胜利的经过。《大明》先叙王季娶太任生文王，文王娶大姒生武王，然后写武王在牧野大战。

从《生民》到《大明》，周人由产生到逐步强大，最后灭商，建立统一王朝的历史过程，得到了完整的表现。

《诗经·小雅》分《鹿鸣之什》、《南有嘉鱼之什》、《鸿雁之什》、《节南山之什》、《谷风之什》、《甫田之什》、《鱼藻之什》共7节，当中的一部分诗歌与《国风》类似，还有一些作品是用于一般宴会的典

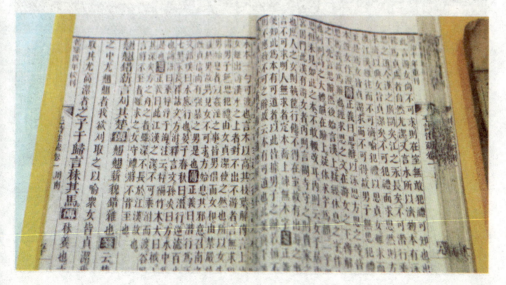

礼，其中也有一部分民歌。如《小雅·鹿鸣之什·鹿鸣》：

呦呦鹿鸣，食野之苹。我有嘉宾，鼓瑟吹笙。

吹笙鼓簧，承筐是将。人之好我，示我周行。

这《鹿鸣》是在国君招待群臣的宴会上所奏的乐歌，为的是求教于贤臣，唤起他们的报国之心。

《诗经》中的《颂》是王侯祭祀宗庙时演奏的乐歌和舞歌。《毛诗序》说："颂者美盛德之形容，以其成功告于神明者也。"这是颂的含义和用途。王国维说："颂之声较风、雅为缓。"这便是《颂》的音乐特点。

当时，祭神祭祖都是王朝的大典，《颂》就是用于这种场合的一种舞乐。"颂"就是赞美王侯的功德，把他们的功业祭告于神明之前的意思。

《周颂》是周王室的宗庙祭祀诗，产生于西周初期。除了单纯歌颂祖先功德而外，还有一部分于春夏之际向神祈求丰年或秋冬之际酬谢神的乐歌，反映了汉族以农业立国的社会特征和西周初期农业生产的情况。

在《诗经》中，除以上"风、雅、颂"305首诗歌之外，《小雅》里还有6个有目无词的诗题。它们是：《南陔》、《白华》、《华黍》、《由庚》、《崇丘》、《由仪》。这是六支用乐器演奏的曲牌名，叫作"笙诗"。有的书记载《诗经》有311首诗，那是连这六个曲牌也算在内了。

《诗经》形式多样，其中史诗、讽刺诗、叙事诗、恋歌、战歌、颂歌、节令歌以及劳动歌谣样样都有。描述的内容十分广泛丰富，它就像古代社会的一部历史画卷，形象生动展现了当时的社会现实生活，真实地反映了当时政治状况、社会生活、风俗民情。

在秦末汉初时，先秦古籍散失很多，但《诗经》由于口耳相传、易于记诵的特点，因此得以比较完整地保存下来。

《诗经》在汉代流传很广，尤其是鲁国人毛亨和赵国人毛苌的古文《毛诗》，在民间广泛传授，这就是后来看到的《诗经》。

《诗经》在西汉时被尊为儒家经典，西汉文学家韩婴发展了诗经，形成了韩诗学，从此，对后来的整个古代文学的发展，产生了深远的影响。

《诗经》中的"赋、比、兴"的表现手法，在我国古代诗歌创作中也一直被继承和发展着，成为我国古代诗歌的一个重要特点。

因此，在我国古代文学史上，《诗经》作为古代诗歌的开端，它所表现出的深刻的社会内容和优美的艺术形式，对后世的诗歌，以至整个古代文学的发展都有着极为巨大的影响。

从汉朝起，儒家学者把《诗》当作经典，尊称为《诗经》，列入"五经"之中，它原来的文学性质就变成了同政治、道德等密切相连的教化人的教科书，也称"诗教"。

作为我国文学的主要源头之一，《诗经》一直受到历代读书人的尊崇。"至圣先师"孔子对《诗经》有很高的评价。对于《诗经》的思想内容，他说"诗三百，一言以蔽之，思无邪"。对于它的特点，则"温柔敦厚，诗教也。"孔子甚至说"不学诗，无以言"，显示出《诗经》对我国古代文学的深刻影响。

拓展阅读

在诗经中也有很多有趣的故事。在周朝时候，各诸侯国每年都要向周天子进献贡品。楚国的国君派使者吉甫带来了楚国特产白茅。吉甫是个非常有才华的人，他一边朝拜天子，一边虔诚吟诵歌颂周王室、周天子兴旺发达的诗："天作高山，大王荒之。彼作矣，文王康之。彼徂矣，岐有夷之行。子孙保之。"

周天子听后十分高兴，就授这位楚国来的使者吉甫"尹"的官职。让他每年初春时分，当老百姓们到田野干活的时候，在路上摇着木制的大铃，向老百姓采集民歌，采到后就让朝廷乐师配上乐曲，唱给自己听。

最早的历史文献《尚书》

自从有文字以来，为了把君王的言行和当时所发生的事件一一记录下来，政府便设立了专门的史官跟随在帝王左右。左边的史官称为左史，负责记录帝王的言语；右边的称为右史，负责记录帝王的行动。

人文始祖尧在位的时候，明察善断、思维清晰、远见卓识，治理天下非常有计谋。尧命令大臣羲仲和和氏，严肃谨慎地遵循天数，推算日月星辰运行的规律，制定出历法，把天时节令告诉人们。

在尧的安排下，大臣羲仲居住在东方的汤谷，每天恭敬地迎接日出，

以辨别测定每天太阳东升的时刻。等到昼夜长短相等的那一天，南方朱雀七宿黄昏时出现在天的正南方的时候，羲仲把这一天定为春分。这时，人们分散在田野进行劳作耕种，鸟兽也在这个时节开始生育繁殖。

在尧的安排下，大臣羲叔居住在南方的交趾，每天恭敬地迎接太阳向南运行，以辨别测定每天太阳往南运行的情况，到白昼时间最长，东方苍龙七宿中的火星黄昏时出现在南方的时候，羲叔把这一天定为夏至。这时，人们开始搬到高处住，这时节鸟兽的羽毛开始变得稀疏。

在尧的安排下，大臣和仲居住在西方的昧谷，每天恭敬地送别落日，以辨别测定太阳西落的时刻。等到昼夜长短相等，北方玄武七宿中的虚星黄昏时出现在天的南方的时候，和仲把这一天定为秋分。这时候，人们又从高处搬回到平地上居住，这时节鸟兽又开始重新换生新毛。

在尧的安排下，大臣和叔居住在北方的幽都，每天辨别观察太阳往北运行情况。当白昼时间最短，西方白虎七宿中的昴星黄昏时出现在正南方的时候，和叔把这一天定为冬至。这时，人们开始居住在室内，鸟兽开始长出柔软的细毛。

由于尧公平选任百官，为此在全天下享有非常崇高的威望。百官也都恪尽职守，成绩斐然，各种事情就都兴起了。

当时，中原大地发生了严重的水灾，洪水把山陵都吞没了，四处泛滥，尧让鲧治水，疏导九河。

可是，鲧一连治了九年水，却没治出什么绩效。

之后，大臣们又推荐由禹继任治水之事，尧愉快地答应了。

禹经过十三年的治理，终于治水成功，消除中原洪水泛滥的灾祸。

尧年老后，打算把帝位禅让给一个可靠的年轻人。一天，尧对大臣们说："我当天子已经七十年了，现在我老了，谁能接替我做天子呢？"

大臣放齐说："你儿子丹朱聪明练达，堪当重任，让丹朱接替你当天子吧。"

尧说："呵！丹朱又奸诈又刁赖，他怎么可以当天子呢！"

于是，众大臣一致向帝尧推荐说："有个非常能干的人叫虞舜，

让他当天子吧。"

尧说："好！谁给我说说，虞舜到底是个什么样的人？"

尧的四个大臣说："虞舜是盲人'瞽瞍'的儿子，他爱护兄弟孝敬父母，通过智慧和忍让把家治理得井井有条。"

尧说："如果是这样的话，那就让舜作为我的接班人吧。不过，我要先考验他一下。"

相传，舜的父亲瞽瞍及继母、异母弟象，多次想害死他：他们让舜修补谷仓仓顶时，从谷仓下纵火，舜手持两个斗笠跳下逃脱；让舜掘井时，瞽瞍与象却下土填井，舜掘地道逃脱。

事后，舜毫不嫉恨，仍对父亲恭顺，对弟弟慈爱。他的孝行感动了天帝。舜在历山耕种，大象替他耕地，鸟代他锄草。

大臣们把舜的事迹告诉给尧后，尧把两个女儿娥皇女英一起嫁给舜为妻，以考察舜的品行和能力。

尧很快发现，舜不但使二女与全家和睦相处，而且在各方面都表现出卓越的才干和高尚的人格力量，只要是舜劳作的地方，便兴起礼让的风尚。此外，在制作陶器时，舜也能带动周围的人认真从事，精益求精，杜绝粗制滥造的现象。他到了哪里，人们都愿意追随。

尧得知这些情况很高兴，便赐予舜很多珍贵的衣服和琴，并为舜修筑了粮仓，分给舜很多牛羊。

尧经过考察后，认为舜确是个品德好又能干的人，于是就把首领的位子让给了舜。

后来，史官根据尧的功德、言行等情况写作了《尚书》中的《尧典》。

《尚书》是我国现存最早的记言体史书，是关于上古时代的政事史料汇编。《尚书》按朝代分为《虞书》、《夏书》、《商书》和《周书》，按文体分为诰、训、谟、誓、命、典六种。主要记载了上古帝王有关政事和治国的言论，也保存了古代经济、地理及社会性质等方

面的珍贵史料。

《尚书》原称《书》，"尚书"意即上古之书，系上古各朝史官记录，非成于一人之手，后由孔子编订。《尚书》在战国时已有很高的地位，《荀子》一书中把它称之为"经"，汉代改称《尚书》。

《尚书》所录为虞、夏、商、周各代典、谟、训、诰、誓、命等文献。其中虞、夏及商代部分文献是据传闻而写成，不尽可靠。"典"是重要史实或专题史实的记载；"谟"是记君臣谋略的；"训"是臣开导君主的话；"诰"是勉励的文告；"誓"是君主训诫士众的誓词；"命"是君主的命令。

另外，《尚书》中还有以人名标题的，如《盘庚》、《微子》；有以事为标题的，如《高宗肜日》、《西伯戡黎》；有以内容为标题的，如《洪范》、《无逸》。这些都属于记言散文。也有叙事较多的，如《顾命》、《尧典》。其中的《禹贡》，托言夏禹治水的记录，实为古地理志，与全书体例不一，当为后人的著述。

自汉以来，《尚书》一直被视为我国封建社会的政治哲学经典，既是帝王的教科书，又是贵族子弟及士大夫必修的"大经大法"，在历史上很有影响。

《尚书》包括《今文尚书》和《古文尚书》两部分。《今文尚书》共28篇，《古文尚书》共25篇。现存28篇《今文尚书》传说是秦、汉之际的博士伏生传下来的，用当时的文字写成，所以叫作《今文尚书》。其中，包括《虞夏书》4篇，《商书》5篇，《周书》19篇。

《尚书》作为我国最早的政事史料汇编，记载了虞、夏商、周的许多重要史实，真实地反映了这一历史时期的天文、地理、哲学思想、教育、刑法和典章制度等，是我们了解古代社会的珍贵史料。

除了有珍贵的上古文献价值，《尚书》也有非常深刻的思想。书中如周公诸篇，对我国政治思想影响巨大，堪称儒家思想的渊薮。

拓展阅读

关于《尚书》的编写和传说，有人相传该书为孔子编订。孔子晚年集中精力整理古代典籍，他将上古时期的尧舜一直到春秋时期的秦穆公时期的各种重要文献资料汇集在一起，经过认真编选，挑选出100篇，这就是百篇《尚书》的由来。孔子编成《尚书》后，曾把它用作教育学生的教材。

在秦代，《尚书》曾经失佚，到了汉代的时候，汉政府重新重视儒学，于是由博士伏生口授、用汉代通行文字隶书把《尚书》的内容写下28篇，这便是今天流传的《尚书》。

最早的典章制度《礼记》

　　在远古氏族制时期的时候，按照当时的习惯，男女青年需要在连续几年内，受到一定程序的训练，使其具有必要的知识、技能和坚强的毅力，具备充当正式成员的条件。

　　如果训练被认为合格，这位青年成年后，便可参与成丁礼，成为

氏族正式成员，得到成员应有的氏族权利，如参加氏族会议、选举和罢免酋长等。当然，也必须履行成员应尽的义务，如参加主要的劳动生产和保卫本部落的战斗等。

在当时，宗教意识不甚发达，祭祀等原始宗教仪式并未发展成为正式的宗教，而是很快转化为礼仪和制度形式来约束世道人心，告诉人们在何种场合下应该穿何种衣服、站或坐在哪个方向或位置等等。

当时的学生，在开学的时候都要穿着礼服，用藻菜祭祀先圣先师，用以表示敬师重道。然后老师让学生学习《小雅》中的《鹿鸣》、《四牡》、《皇皇者华》3首诗，使学生从懂得做官的道理开始。

入学授课时，老师先击鼓召集学生，然后打开书箱取书，让学生对学业恭顺。学校有供体罚用的木棍，用来使学生有所畏惧，仪容举止有所收敛。

夏天大祭之前，天子不视察学校，可以让学生按自己志向从容学习。老师要经常观察学生的学习，但不能叮咛告诫，为的是使学生用

心思考。同时，年幼的学生只能听讲，不能提问，学习有先后次序，不能越级。

当时的学生，凡是想通过上学做官和做学问的，首先要立下远大的志向，然后先学会做人和做事，之后再去做官或做学者。

到了西周初期的时候，西周政府为了加强统治，周武王实行了"封诸侯，建同姓"的政策，把周王室贵族分封到各地，建立西周的属国。

周武王去世后，他年幼儿子的周成王继位，武王的弟弟周公旦辅政。周公旦在"分邦建国"的基础上"制礼作乐"，从而系统地建立了一整套有关"礼""乐"的完善制度。其中最重要的是嫡长子继承制和贵贱等级制。

周公确立的嫡长子继承制，以血缘为纽带，规定周天子的王位由长子继承。同时把其他庶子分封为诸侯卿大夫。他们与天子的关系是地方与中央、小宗与大宗的关系。

周公旦还制定子一系列严格的君臣、父子、兄弟、亲疏、尊卑、贵贱的礼仪制度，以调整中央和地方、王侯与臣民的关系，加强中央政权的统治。

在当时，作为国君的随从，负有保护国君的责任，所以必须恪守的一个"忠"。

　　鲁国和宋国在乘丘交战时，鲁国的将士县贲父为鲁庄公驾车，将士卜国在车右边护驾。拉车的马忽然受惊，将车翻倒，使鲁庄公从车上摔下来。这时，跟随鲁庄公车后面的副车上的人连忙递下绳子，把鲁庄公拉上了副车。

　　鲁庄公责怪卜国没护好驾："卜国啊，你没有勇力呀！"

　　县贲父明知道鲁庄公摔倒地上并不是卜国没护好驾，而是因为车翻倒了，但为了忠于君主，却说："以前没有翻过车，今天却车翻人坠，这是我们没有勇气！"于是县贲父和卜国两人遂自杀。

　　战争结束后，马夫在给鲁庄公驾车的马洗澡时发现有匹马的大腿内侧中了一只飞箭。大家这才明白之所以会翻车，是因为马受伤了，并不是县贲父没驾好马车。

　　这时，鲁庄公自责地说："原来翻车不是他们的罪过。"可惜这两位将士这时都已经自杀了。

　　为将士作文悼念的风习，就是从这件事开始的。共有100多卷的《仪礼》便是这样一部详细的礼仪制度章程。其中就有记述鲁庄公为

了追述两位将士的功德所做的文章：

> 鲁庄公及宋人战于乘丘，县贲父御，卜国为右。马惊，
> 败绩。公队，佐车授绥。公曰："末之，卜也！"县贲父
> 曰："他日不败绩，而今败绩，是无勇也！"遂死之。圉人
> 浴马，有流矢在白肉。公曰："非其罪也。"遂诔之。士之
> 有诔，自此始也。

《礼记》是战国至秦汉年间儒家学者解释说明经书《仪礼》的文章选集，是一部儒家思想的资料汇编。《礼记》的作者不止一人，写作时间也有先有后，其中多数篇章可能是孔子的七十二弟子及其学生们的作品，还兼收先秦的其他典籍。

《礼记》的内容主要是记载和论述先秦的礼制、礼意，解释仪礼，记录儒家创始人孔子和弟子等的问答，记述修身做人的准则。

实际上，这部9万字左右的著作内容广博，门类杂多，涉及到政治、法律、道德、哲学、历史、祭祀、文艺、日常生活、历法、地理等诸多方面，几乎包罗万象，集中体现了先秦儒家的政治、哲学和伦理思想，是研究先秦社会的重要资料。

《礼记》全书用散文写成，一些篇章具有相当的文学价值。有的用短小的生动故事阐明某一道理，有的气势磅礴、结构谨严，有的言简意赅、意味隽永，有的擅长心理描写和刻画，书中还收有大量富有哲理的格言、警句，精辟而深刻。

据传，编订《礼记》一书的是西汉礼学家戴德和他的侄子戴圣。戴德选编的85篇本叫《大戴礼记》，在后来的流传过程中若断若续，

到唐代只剩下了39篇。

戴圣选编的49篇本叫《小戴礼记》，即我们现在见到的《礼记》。这两种书各有侧重和取舍，各有特色。

东汉末年，著名学者郑玄为《小戴礼记》作了出色的注解，后来这个本子便盛行不衰，并由解说经文的著作逐渐成为经典，到唐代被列为"九经"之一，到宋代又被列入"十三经"之中，成为士人必读之书。

此外，戴德与戴圣的《礼记》与《仪礼》、《周礼》合称"三礼"，对我国文化产生过深远的影响。

拓展阅读

在春秋时期，晋国大臣知悼子去世了，还没有下葬，掌管膳食的大臣杜蒉就让治丧的师旷和李调喝酒，自己也跟着喝。晋平公问其缘由，杜蒉说："师旷是掌乐的太师，不把这种礼节告诉国君，所以罚他喝酒。李调是国君的近臣。为了吃喝，竟忘了国君的忧患，所以也罚他喝一杯。我掌管膳食，没有尽到提供刀、匙的职责，却胆敢参与防止违礼的事，所以罚自己喝一杯。"

晋平公说："我也有过失，倒杯酒来罚我喝。"杜蒉洗过酒杯，倒上酒举起献上。晋平公对侍者说；"如果我死了，一定不要废止举杯献酒的礼仪！"从此，凡是向国君和宾客献酒过后，就要举起酒杯，这叫作"杜举"。

最早的哲学著作《周易》

在远古的时候，人们对天上为什么会下雨下雪、打雷打闪，地上为什么会刮大风、起大雾不清楚是怎么回事。

帝王伏羲通过长期对天地宇宙万物的观察和思考后发现，宇宙万物之间有一个规律。那时人类没有文字，为了表达这个规律，聪明的伏羲便用符号"—"表示。

"—"是太极，是道，是天地未分时物质性的浑沌元气。伏羲认为世间的一切都是由元气这个整体衍生出来的。元气动而生阳，阳就是阳爻，用"—"表示，阳为单数；元气静而生阴，阴就是阴爻，用"——"表示，阴为双数。一阴一阳就是两仪。伏羲认为阴阳是构成宇宙万事万物

伏羲畫八卦圖

基本的元素。

　　然而宇宙万物之间的阳阴到底是怎么转换的呢？转换的规律是什么呢？伏羲想来想去，怎么也想不出个头绪来。

　　有一天，伏羲在河边捕鱼，逮住一个白色的龟。这只龟龟形近圆，龟爪像龙，周身洁白，玲珑剔透。龟身上的纹理错落有致：中央有五块，周围有八块，龟盖外围有24块，腹底12块。

　　伏羲认为这只白龟是个神物，所以就没有把白龟吃掉，而是挖了个池子，把白龟放养在里边。伏羲每次逮些小鱼虾去喂白龟时，白龟都会凫到伏羲跟前，趴在坑边不动弹。伏羲没事儿就坐在坑沿儿，边看白龟边思考宇宙万物之间的规律。

　　有一天，伏羲折一根草秆儿，在地上比着白龟盖上的花纹画。画

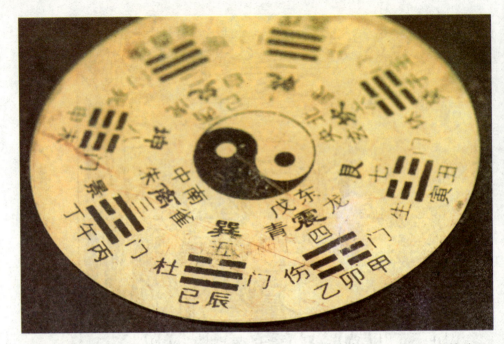

着画着,竟画出了四象,即少阳、老阳、少阴、老阴。然后,他在四象的基础上,用一通道儿当阳,一断道儿当阴,一阳二阴,一阴二阳,来回搭配,画来画去,竟产生8种新的符号,也就是八卦图,即先天八卦。

八卦图画出来后,伏羲把象征金、木、水、火、土的"五行"按照龟盖中央的五块纹理的秩序排列出来;把象征八卦的"乾、艮、震、巽、坎、离、坤、兑"按龟身周围八块的纹理秩序排列出来;把象征二十四节气的符号按照龟盖外围24块的纹理秩序排列出来;把象征十二地支的"子、丑、寅、卯、辰、巳、午、未、申、酉、戌、亥"按照龟腹底12块纹理的秩序排列出来。

那时,人们靠打渔、狩猎过日子。一个人出去打渔、狩猎最怕的是半路上碰到激烈的天气变化,来不及逃生。所以,很多人出门打渔、狩猎时,便去问首领伏羲天气如何。

在一次又一次的精确预测出天气后，人们对伏羲越来越信赖，问天气的人越来越多，伏羲来不及应付，就说：从明天开始，我在村口的大树上挂了一个图像，你们一看图像就知道明天是什么天气。

从此以后，村民每次出门时，只要去村口看一眼八卦画，就知道出门后会不会遇到恶劣天气了。

从此以后，每天伏羲都会用八卦图分别把代表八种最基本的自然现象挂在村口。即"乾、坤、震、巽、坎、离、艮、兑"，这八卦现象称为八经。

乾代表天。天以3个阳爻留有一定的空间垒叠而成为"乾卦"，三是个概数，以此表示不知天有多高，即天有看不见的上空。

坤代表地。地字以3个阴爻垒叠而成为"坤卦"。意思是，不知地有多深。地上也有沟壑、山川、河流、湖泊、崖石山洞等。

震代表雷。当时人们最敬畏雷，所以，以2个阴爻覆盖着1个阳爻表示。意味着雷声震耳、电光闪闪，能撕破天的形象。

巽代表风。当时人们认为风在天下流动，所以，以2个阳爻覆盖在1个阴爻之上表示。因为人们最清楚洞穴里有风，山川里有风，山头上有风，广阔的平地上也有风。

坎代表水。坎卦中间1个阳爻，上面1个阴爻，下面1个阴爻。中间的

阳爻象征河道，上、下面的阴爻就象征是流淌着的水。

离代表火。离卦中间1个阴爻，上面1个阳爻和下面1个阳爻。离卦意会为燧人氏的钻木取火，两个阳爻是为两条树木，阴爻是从中钻出来的火苗。当时人们看到山火的肆虐，火山的爆发，以及木棍上火苗的飘动，普遍认为火是流动的。所以，用2个阳爻夹着1个阴爻表示。

艮代表山。艮卦是1个阳爻在上，2个阴爻在下面，突出的是天底下的山，地上的山。艮卦不仅可以理解为"山在天底下、天底下的山"还可以理解为"山上面是天，地上面是山"等等概念。

兑代表泽。兑卦是1个阴爻在上面，2个阳爻在下面。这两个阳爻，可以理解是盛水的地方或器皿。当时人们认为水是从天上落下来的，水流动、无孔不入，所以，一般薄的器皿盛不住它，会漏，需要用两个阳爻来代表盛水的木制、陶制器皿或厚实的泽地或湖库。

八卦图虽然能代表世间万物的8种基本性质，但世间具体的事物则是无穷无尽的，不可能只有8种，渐渐地，用于反映天道规律的伏羲先天八卦不能准确反映越来越复杂的人类社会规律了。

商末的时候，国君商纣王昏庸无道，西部诸侯长姬昌（即后来的周文王）广施仁德，礼贤下士，发展生产，深得人民的拥戴。由此引起商纣王的猜忌和不满，商纣王听信谗言，将姬昌囚禁于当时的国家监狱羑里城。

姬昌最初入狱的那些天，因气愤难息而在这所高出地面五米的台形监狱里不停地踱步。最后，他镇静下来，明白不管心中多么不满和气恨，他也必须接受眼下的现实：暂时无法走出这座监狱。

既然如此，那就找点事做吧，要不然，怎么度过漫长的白天和夜晚？可在监狱里有武士在监督着，能做成什么事呢？这时，姬昌想起了伏羲的八卦，想起了八卦中的乾、坤、震、巽、坎、离、艮、兑，于是他依此琢磨，开始了自己的发现和创造。

姬昌被关了整整7年时间。在这漫长的日子里，姬昌用监狱地上长的蓍草作为工具，从自然界选取了天、地、雷、风、水、火、山、泽8种自然物，作为万物生成的根源；然后把世上千变万化纷纭复杂的事物，抽象为阴阳两个基本范畴；他把刚柔相对、变在其中，作为自己对世事和人生的基本看法。

最后，姬昌将八卦两两相叠，构成64个不同的六划组合体，即"六十四卦"，每卦中的两个"八卦"符号，居下者称为"下卦"，也称"内卦"，居上者称为"上卦"，也称"外卦"。

"六十四卦"每卦共有六条线

条，称为"爻"。"爻"的原意也就是阴阳之交变。

因此"‑‑"称为"阴爻"，以"六"表示；"—"称为"阳爻"，以"九"表示。六爻的位置称为"爻位"，自下而上分别为"初"、"二"、"三"、"四"、"五"、"上"。

另外，姬昌还在每一卦卦形符号下面写上文辞，即卦爻辞，其中卦辞每卦一则，总括全卦大意，爻辞每爻一则，分指各爻旨趣。六十四卦共有三百八十四爻，因而相应的也有六十四则卦辞和三百八十四则爻辞。

通过这六十四卦和三百八十四爻，姬昌把自己如何立志，如何心怀天下，如何为人处事，如何交友，如何走出逆境，如何治理国事，如何居安思危，如何对待婚姻、家事等全部寄寓在了卦辞和爻辞上。姬昌时而借喻，时而象征，时而真发感叹，时而暗指影射，把自己所欲表达的东西寓寄在卦辞和爻辞上。

姬昌在这部著述，也就是被称为"群经之首，大道之源"的《周易》，将人生哲理、世间情态，尽收其中。由于《周易》成书很早，文字含义随时代演变，其内容在春秋战国时便已不易读懂，于是，那些专门研究《周易》的人被称为易学家。

孔子起初并没有学《周易》，一次，他偶然间用《周易》占卜自己的命运，占得一卦为"火山旅"。他便以此卦请教于经通《周易》的商瞿。

商瞿对他说："'旅'卦的象辞曰：'小亨，柔得中乎外，而顺乎刚，止而丽乎明。'意思是虽有太阳般的光明但却静止不动。您占这卦表明，您虽然具有圣人的智慧，集大道于一身，却没有权威的地位，不能施行于天下。"

孔子听后长叹道："凤凰不向此地飞来，黄河没有龙图出现，这真是天命啊！"从那以后，孔子开始反复研读《周易》。

春秋时的书，主要是以竹子为材料制造的，把竹子破成一根根竹签，称为"简"，用火烘干后在上面写字。一根竹简只能写一行字，多则几十个，少则八九个。一部书要用许多竹简，这些竹简必须用牢固的绳子之类的东西编连起来才能阅读。像《周易》这样的书，是由

许许多多竹简编连起来的。

孔子花了很大的精力，把《周易》全部读了一遍，基本上了解了它的内容。接着又读第二遍，掌握了它的基本要点。再接着，他又读第三遍，对其中的精神、实质有了透彻的理解。在这以后，为了深入研究这部书，又为了给弟子讲解，他不知翻阅了多少遍。这样读来读去，把串连竹简的牛皮带子也给磨断了几次，不得不多次换上新的再使用。

即使读到了这样的地步，孔子还谦虚地说："假如让我多活几年，我就可以完全掌握《周易》的文与质了。"

透彻理解《周易》的精神和实质后，孔子写下了10篇读后感：《彖传》上下、《象传》上下、《文言》、《系辞传》上下、《说卦传》、《序卦传》、《杂卦传》，共计7种10篇。这10篇读后感被后人称为《十翼》，又称为《易传》，以解读《易经》。

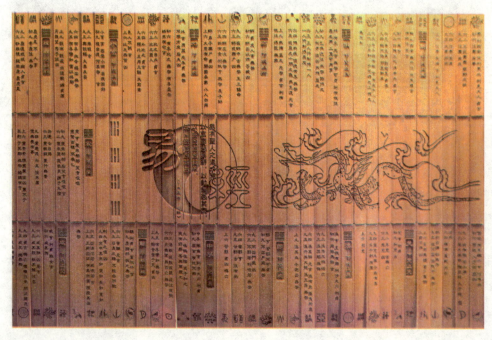

象传，随上下经分为上下两篇，共64节，分释六十四卦卦名、卦辞和一卦大旨。

象传，随上下经分为上下两篇，阐释各卦的卦象及各爻的爻象，释卦象者称为《大象传》，释爻象者称为《小象传》。

文言，共两节，分别解说《乾》、《坤》两卦的意旨，故也称《乾文言》、《坤文言》。主要是在《彖》和《象》的基础上作出进一步阐发与拓展。

系辞传，分为上下两篇，主要申说经文要领，贯彻卦爻辞的基本义理。文中对《周易》经文作了全面的辨析与阐发，一者抒发《易》理之精微，二者展示读《易》之要例。

说卦传，是阐述八卦取象大例的专论，也是探讨《易》象产生于推展的重要依据。

序卦传，是《周易》六十四卦排列次序的推衍纲要，揭示各卦之间的相承相受。前半段经《乾》至《离》共30卦，主说天道；后半段自《咸》至《未济》共34卦，主说人伦。

杂卦传，犹言"杂糅众卦，错综其义"。将六十四卦重新编为32对"错综卦"，旨在阐发事物的发展在正反相对因素中体现的变化规律。《汉书·儒林传》记载："孔子读易，韦编三绝，而为之传。"

加我数年，五、十以学易，可以无大过矣。

孔子学《周易》至于韦编三绝，积功力久，发此感慨："再给我五年或十年，在易上更加深入，可以减少犯大的过失。"

《周易》是一部我国古哲学书籍，也称易经，简称易，"周"有周密、周遍、周流等意。另有说"周"是"周普"的意思，即无所不备，周而复始。也有人认为《易经》流行于周朝故称《周易》，还有人依据《史记》的记载"文王拘而演周易"，认同《易经》乃周文王所著，所以叫《周易》。

"易"一说由蜥蜴而得名，为一象形字；一说，在西周，易即雅乐，是执政者驾驭黎民百姓，维护宗法制度的手段和工具；还有说，日月为易，象征阴阳，揭示阴阳循环交替之理。

另外，易也有"道"的意思，含有日出、占卜、变易、变化、交易、恒常的真理。东汉郑玄的著作《易论》认为"易一名而含三义：

简易一也；变易二也；不易三也。"这句话总括了易的三种意思："简易"、"变易"和"恒常不变"。

《周易》的内容主要包括"经"和"传"两部分。"经"部分，主要是六十四卦的卦形符号与卦爻辞，有阴爻和阳爻。"传"实际上是阐释《周易》经文的专著，即《彖传》上下、《象传》上下、《文言》、《系辞传》上下、《说卦传》、《序卦传》、《杂卦传》，共计7种10篇。因"传"阐发经文大义，如本经之羽翼，故汉人称之"十翼"，后世统称《易传》。

关于《周易》作者和成书年代向有争议。《汉书·艺文志》提出"人更三圣，世历三古"之说，认为我国人文始祖伏羲氏画八卦，西周奠基人周文王演六十四卦、作卦爻辞，至圣先师孔子作传解经。

《周易》是一部古老而又灿烂的文化瑰宝，古人用它来预测未来、决策国家大事、反映当前现象，上测天，下测地，中测人事。然而《周易》占测只属其中的一大功能，其实《周易》囊括了天文、地

理、军事、科学、文学、农学等丰富的知识内容。只要能读懂《周易》，无论是哪一行从业者都能在其中汲取智慧的力量。

作为我国文化的源头活水，《周易》的内容极其丰富，对我国几千年来的政治、经济、文化等各个领域都产生了极其深刻的影响。无论孔孟之道，老庄学说，还是《孙子兵法》，抑或是《黄帝内经》无不和《易经》有着密切的联系。

一代大医孙思邈曾经说过："不知易便不足以言知医。"可以一言以蔽之：没有《易经》就没有我国的文明。作为我国最古老的文献之一，《易经》在西汉时被儒家尊为"五经"之首，在我国文化史上享有最崇高的地位。

拓展阅读

在远古的时候，有个部落首领伏羲教会人民结绳为网以渔，养蓄家畜，促进了生产的发展，改善了人们的生存生活条件。因此，上天祥瑞迭兴，并授予他一件神物。

据《易·系辞上篇》记载："河出图，洛出书，圣人则之。"有一种龙背马身的神兽，生有双翼，高八尺五寸，身披龙鳞，凌波踏水，如履平地，背负图点，由黄河进入图河，游弋于图河之中。人们称它为龙马。伏羲看到龙马后，依照龙马背上的图点，画出了图样。等伏羲画完，龙马潜入水中。没过多久，有只神龟背上背着一本书从洛水出现了。伏羲看到神龟背上的书后，遂根据这种天赐的符号画成了八卦。

最早编年体史书《春秋》

西周开始时，国家专门设立了太史记载国家大事，太史逐年逐月逐日记载，之后把记载的国家大事编辑成简册，遂成史书。因为每年有春、夏、秋、冬四季，太史便标举"春秋"两字，以代表每一年。

公元前770年，周平王东迁，由于强大起来的诸侯争霸，导致西周王朝分裂为数十个大大小小的诸侯国。西周王朝的微弱，又导致来中央朝拜周王的诸侯越来越少，为了记载国家大事，周王便分派很多史官到各个诸侯国去记录发生在其国内的大事。周王派出的史官虽在各国，而其身份则仍属王室，不属诸侯。

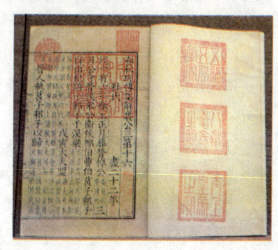

公元前607年，晋国发生了一件大事，国君晋灵公被杀史称"赵盾弑君"。身为国君，晋灵公不但不理朝政，而

是在一帮佞臣的掩护下，经常站在高台上用弹弓射人，以观看人们躲避他弹射的弹丸来取乐，卿大夫赵盾经常劝谏晋灵公，灵公对于赵盾虽有几分畏惧，但更多的是怨恨。

一天，由于厨子蒸的熊掌未熟，灵公一怒之下便将人杀了，把尸体装在一个大缸里让人抬出去扔掉。在经过朝堂的时候，不巧被赵盾和士季看到，问清厨子被杀的原因后，为这件事深感忧虑。赵盾准备进谏，士季说："您进谏，如果国君不接受，那就没有谁能接着进谏了。请让我先去吧，没有采纳，您再继续劝说。"于是，士季往前走了3次，伏地行礼3次，灵公假装没看见。

过了很久，晋灵公才看了看他，说道："我知道所犯的错误了，准备改正它。"

士季叩头答道："哪个人没有过错呢？有了过错能改正，没有什么善事能比这个更大的了。《诗经》上说，'没有谁没有个好的开头，但却很少有人能坚持到最后。'所以，能够纠正错误的人是很少的。您若能有始有终，那么国家就巩固了，哪里仅仅是臣子们有所依靠呢。《诗经》又说，'天子有没尽职的地方，只有仲山甫来弥补。'意思是说过失是能够弥补的，您能弥补自己的过失，君位就丢不了啦。"

然而，晋灵公口上说改正错误，但实际上却一点也没改。为此，赵盾又多次进谏。因为赵盾进谏的次数多，晋灵公渐渐地越来越厌恶赵盾，并派勇士钽麑去暗杀赵盾。

钽麑为了乘赵盾还没起床时暗杀赵盾，大清早天还没亮就赶到赵盾家。谁知钽麑到时，见赵盾卧室的门已经打开了，赵盾也早已穿戴整齐准备上朝了。由于上朝的时间还早，赵盾就端坐在那里打瞌睡。

钽麑退出来感叹地说："赵盾时刻不忘记恭敬，真是百姓的主啊。杀害百姓的主，就是不忠；不履行国君的使命，就是不守信用。

我既不想做不忠之人，也不想做不守信用之人，现在只能选择死了。"于是，钮麑撞死在槐树上。

晋灵公见赵盾没被暗杀，心中不甘，又过了一些时候，灵公说要赐给赵盾酒喝，邀请赵盾到皇宫去。在赵盾到来之前，晋灵公预先在皇宫内埋伏好身穿铠甲的武士，准备在赵盾喝酒时攻杀赵盾。

赵盾进皇宫后，他的随从提弥明马上发现有埋伏，就快步走上堂对赵盾说："臣子侍奉国君饮酒，超过了三杯，不合乎礼仪。"说完赶紧扶赵盾下堂。

晋灵公见赵盾要走，马上唤出猛犬向赵盾扑去。提弥明徒手搏击猛犬，把猛犬打死了。赵盾说："不用人而使唤狗，即使凶猛，又顶得了什么？"一面搏斗，一面退出宫门。

这时，提弥明为掩护赵盾被武士们杀死。就在赵盾被武士们围攻的紧急当口，武士中有个人忽然把戟掉过头来抵御晋灵公手下的人，使赵盾得免于难。赵盾问这位武士为什么救他，对方回答说："我就是您在翳桑救的饿汉呀。"

原来，有一次赵盾在首阳山打猎，在翳桑住了一晚。在翳桑时，

赵盾看见一位叫灵辄的人饿倒在地，就问他得了什么病。灵辄回答说："我没有生病，我已经多日没有吃东西了。"赵盾马上让人给灵辄拿来很多食物。

谁知灵辄狼吞虎咽地吃了几口后却不吃了。问其原因，灵辄答道："我在外当奴仆已经多年没回家了，不知道我母亲现在还在不在。我现在离家这么近，请您允许我把这些东西拿回家送给我母亲。"

赵盾说："你吃吧，你把这些东西全部吃完。我另外给你母亲准备食物。"之后，赵盾给灵辄预备一筐饭和肉，放在袋子里送给他。不久，灵辄做了晋灵公的甲士。

晋灵公要攻杀赵盾，灵辄见被攻杀的人竟然是自己的恩公，所以便掉转戟头来抵御那些杀手。

赵盾见晋灵公三番五次想杀自己，他便逃亡国外。在赵盾还没有逃出晋国国境的时候，晋灵公的堂弟赵穿在桃园把晋灵公杀死了。于是，赵盾就又跑回来继续主持国政，并派人到成周把公子黑臀接回

来，接替晋灵公做晋国君主。

晋国的太史董狐在记载晋国大事时，把晋灵公被杀这件事刻在了竹简上：

秋九月乙丑，晋赵盾弑其君夷皋。

赵盾看到后委屈地说："灵公不是我杀的，我冤枉啊。"

董狐说："你作为正卿大夫，逃亡没有走出国境，回来又不能惩办凶手，不是你杀的是谁杀的？"

赵盾叹了口气说："唉！那就算是我杀的吧。《诗经》说，'由于我怀念祖国，反而自己找来了忧患。'大概就是这个意思吧！"

春秋时期，各个诸侯国的史官们在记载历史事件的时候，把求真记实既当作目的又当作原则，因此，他们恪尽职守，完全是按照事实记史，即便得罪国君被杀也在所不辞。

除晋国太史董狐据实记载晋国发生的大事件外，齐国的史官也是如此。

齐国大夫棠公的妻子棠姜长得非常漂亮，棠公死后，齐国丞相崔杼便把她娶了过来。

齐国国君齐庄公得知崔杼得了一位美妻棠姜，便多次到崔杼家和棠姜私通。有一次，齐庄公与棠姜私通回来之时还顺手拿了一顶崔杼的帽子送给别人。

齐庄公的侍者劝阻齐庄公别拿。

齐庄公却笑道："拿了崔杼一顶帽子而已，难道他没有别的帽子吗？"

这件事后，齐庄公和崔杼的关系彻底破裂。

有一次，齐庄公举行国宴款待来访的莒国国君，作为国相的崔杼称病不参加。

齐庄公借探病为由，到崔杼府上准备与棠姜偷情。在庭院中，齐庄公追嬉棠姜。事先有谋的棠姜进入内室后将屋门关上就不再出来，于是齐庄公在前堂抱着柱子唱歌，希望用歌声把棠姜引出来。

　　跟齐庄公一起来的宦官贾举因痛恨齐庄公曾鞭笞过他，早就和崔杼预谋今天要杀掉齐庄公。所以，当齐庄公进入院子后，贾举便把齐庄公的侍从拦在外面，自己一个人跟着齐庄公进入院子，并将院门从里边拴上。

　　正当齐庄公在棠姜内室前堂唱歌时，早埋伏好的刀斧手便一拥而上。齐庄公吓得时赶紧跑到一座高台上，刀斧手们呼啦一下包围了这座高台。齐庄公求他们饶命，并要求找崔杼来对话，均被拒绝。

　　齐庄公见说服不了他们，于是拔腿逃跑。在他翻越一道墙的时候，追兵射中了他的大腿，齐庄公从墙头掉下来，士兵们一拥而上将他杀了，他手下的10个随从也尽数被诛。

　　齐国的上大夫晏婴听说此事后，第一时间来到崔杼家，枕着齐庄公的遗体大哭起来，哭完之后对着遗体拜三拜而出。

　　崔杼手下劝崔杼杀死晏婴，崔杼摇头说："晏婴是百姓所景仰的人，杀了这样的人会失去民心。"

　　齐庄公死后，崔杼拥立庄公的弟弟杵臼为君，史称齐景公，崔杼

仍旧是国相。

齐国太史在记载这件事时，就在竹简上刻上"崔杼弑其君"这句话，意思是崔杼杀了他的国君。

齐国南部有位"南史氏"的史官，听了齐国史官因记载"崔杼弑其君"，兄弟两人连被杀害后，便赶到齐国，预备续书此事。南史氏到后，听说这件事已经如实记载在竹简上了，南史氏这才回去。

郑国国君的妻子姜氏生了两个儿子，大儿子叫寤生，小儿子叫段。

段长得逗人喜欢，特别受到姜氏宠爱。所以，姜氏希望郑武公掘突将来把郑国的君位传给段。

掘突没有同意，还是照当时的规矩，立大儿子寤生为太子。公元前 743 年，掘突去世了，寤生即位做了国君，即郑庄公。

姜氏见心爱的小儿子段没成为国君，就对郑庄公说："你已经顶替你父亲当上了诸侯，那么，你就把京城封给段吧。"

第二天，郑庄公召集了文武百官，他要把京城封给他的弟弟段。

大夫祭足反对说："这哪儿行啊？京城是个大城，跟咱们的都城一样，是个重要的地方。再说段是太夫人宠爱的，要是他得了京城，势力大了，将来必定生事。"

郑庄公说："这是母亲的意思，我做儿子的不能不依。"郑庄公不管大臣们怎么反对，还是把京城封给了段。从此，人们把段叫"京城太叔"。

太叔打算动身上京城去，他来向母亲姜氏辞行。姜氏拉着他的手说："你哥哥一点儿没有亲弟兄的情分。京城是我逼着他封给你的。他答应是答应了，心里准不乐意。你到了京城，得好好操练兵马，将来找个机会，你从外面打进来，我在里面帮着你。要是你当了国君，我死了也能闭上眼睛啦。"

太叔到京城后，一面招兵买马，一面操练军队。临近地方的奴隶和犯罪的人逃到京城去的，他一律收留。20年后，太叔的势力大起来了。

这些事传到郑庄公耳朵里。有几个大臣请郑庄公快点去管一管京城太叔，说他要谋反。郑庄公自己有主意，还替太叔辩白说，"太叔这么不怕辛苦，操练兵马，还不是为了咱们吗？"大臣们私下里都替国君担心，说这会儿这么由着太叔发展下去，将来后悔就来不及了。

没有多少日子，太叔真把临近京城的两个小城夺去了。大臣都着急了，祭足说："京城太叔操练兵马，又占了两个城，这不是造

反吗？您就该立刻发兵去镇压！"

郑庄公说："我宁可少了几个城，也不能伤了弟兄的情分，叫母亲伤心呢。"

过了几天，郑庄公吩咐大夫祭足管理朝廷上的事情，自己上洛阳朝拜周天子去了。

姜氏得到了这个消息，赶紧写信，打发一个心腹人到京

城去约太叔发兵来打新郑。

京城太叔接到了母亲的信，他对手底下的士兵说："我奉了主公的命令发兵去保卫都城。"说着就发动兵车，打算动身。

谁知道郑庄公早就派公子吕把什么都布置好了。公子吕叫人在半路上拿住了那个给姜氏送信的人，搜出信来，交给郑庄公。

原来，郑庄公假装上洛阳去，偷偷地绕了一个弯儿，带领着两百辆兵车来到京城附近，埋伏停当，单等太叔动手。

公子吕派了一些士兵打扮成买卖人的模样，混进京城，他们就在城门楼子上放起火来。公子吕瞧见城门起火，立刻带领大军打进去，占领了京城。

太叔出兵不到两天，听说京城丢了，便连夜赶回来。士兵们这才知道太叔出兵原来是要他们去打国君，乱哄哄地跑了一半。太叔一见军心变了，夺不回京城，就自杀了。

郑庄公在太叔身上搜出了姜氏的信，叫人把去信和回信送给姜氏看，还嘱咐祭足把姜氏送到城颍去住，发誓说："不到黄泉，再也不跟母亲见面了。"

没过了几天，郑庄公回到新郑。外面沸沸扬扬，都说他这么对待母亲太过分了。做一个国君，就盼望臣民象孝顺父母那样对待他，他自己落了个不孝的罪名，人家还会来为他效力吗？

郑庄公认为自己已经起过誓，不到黄泉，不再跟母亲见面。身为国君，如果自己的誓言不算数，往后人家还拿他的话当话吗？

郑庄公正为这事左右为难时，城颍的一个叫颍考叔的官员，向郑庄公建议说："人不一定要死了才到黄泉。挖个地道，挖出水来，不就是黄泉吗？咱们再在地道里盖一所房子，请太夫人坐在里头。主公走进地道去跟大夫人见面，不就应了誓言了吗？"

郑庄公一听，这真是个好办法。地道挖好后，郑庄公从地道把母亲接回到宫里。

对给他出了这个两全其美的主意的颍考叔，郑庄公拜他为大夫，让他跟公子吕、公孙子一同管理军队。

后来，鲁国的孔子听说了晋国、齐国、郑国等诸侯国发生的这些事情，觉得有必要把各个诸侯国尤其是鲁国的历史记录下来，留给后世。于是，他就写了一部史书，名为《春秋》。

《春秋》是儒家的经书，记载了从鲁隐公元年到鲁哀公十四年鲁国12位君主的历史，基本上是鲁国史书的原文。也是我国现存最早的一部编年体史书。鲁隐公元年就是公元前722年，鲁哀公十四年就是公元前481年。

事实上，《春秋》虽然依据鲁国国君的世系纪年，但记述范围却遍及各个诸侯国，是有准确时间、地点、人物的原始记录，具有信史价值。

全书大约1.7万字，主要内容记载春秋时期各诸侯国执政阶级的政治活动，包括诸侯国之间的征伐、会盟、朝聘等；也记载一些自然现象，如日蚀、月蚀、地震、山崩、星变、水灾、虫灾等；经济文化方面，记载一些祭祀、婚丧、城筑、宫室、搜狩、土田等。

在我国远古时期，春季和秋季是诸侯朝聘王室的时节。

另外，春秋在古代也代表一年四季。而史书记载的都是一年四季中发生的大事，因此"春秋"是史书的统称。而鲁国史书的正式名称

就是《春秋》。

传统上认为《春秋》是孔子的作品，也有人认为是鲁国史官的集体作品。据说，《春秋》原文，从三国以后脱落了1000多字。很多大事漏记。

因为《春秋》是粗线条的笔墨。为补这一遗缺，后来又出现以春秋为主本的《传》，为此，后来流传下来的《春秋公羊传》《春秋谷梁传》和《春秋左氏传》3种，并称《春秋三传》。

《春秋》虽然不是历史学著作，却是可贵的史料著作，因而对于研究先秦历史，尤其对于研究儒家学说以及孔子思想意义重大。孟子曾经说："孔子成《春秋》，而乱臣贼子惧"。

《春秋》作为鲁国的史书，其作用早已超出史书范围，春秋用词遣句"字字针砭"成为独特的文风，被称为春秋笔法，为历代文史家奉为经典。

拓展阅读

天开人文，鲁兴春秋。春秋时期，泱泱大国就出现在历史舞台上了，人们开始有了礼，懂得了仁爱，大智大勇的智慧开始浮现。它是我国历史上人文时代的开端，也是儒家文化的先声。《春秋》正好记载了这个时代的人性的具体表现以及发展历程。

儒家创始人孔子的《春秋》对后世最大的影响就是被人们称赞的春秋笔法。《春秋》最大的特点就是每用一个字，都是入木三分，有褒贬含义。后世很多的人在写作的时候，学习春秋的写作方法，用字用言，字字珠玑。